高等职业教育"十三五"创新型规划教材

出纳实务

主　编　田　宏　安宝强
副主编　申　艳　赵甲坤　张　凌

北京理工大学出版社
BEIJING INSTITUTE OF TECHNOLOGY PRESS

版权专有　侵权必究

图书在版编目（CIP）数据

出纳实务 / 田宏，安宝强主编. —北京：北京理工大学出版社，2018.2（2018.3重印）

ISBN 978-7-5682-5148-8

Ⅰ. ①出⋯　Ⅱ. ①田⋯　②安⋯　Ⅲ. ①出纳－会计实务－高等学校－教材　Ⅳ. ①F233

中国版本图书馆 CIP 数据核字（2018）第 007199 号

出版发行 / 北京理工大学出版社有限责任公司
社　　址 / 北京市海淀区中关村南大街 5 号
邮　　编 / 100081
电　　话 / (010) 68914775（总编室）
　　　　　 (010) 82562903（教材售后服务热线）
　　　　　 (010) 68948351（其他图书服务热线）
网　　址 / http://www.bitpress.com.cn
经　　销 / 全国各地新华书店
印　　刷 / 三河市天利华印刷装订有限公司
开　　本 / 787 毫米 × 1092 毫米　1/16
印　　张 / 9.25　　　　　　　　　　　　　　　　　责任编辑 / 王晓莉
字　　数 / 217 千字　　　　　　　　　　　　　　　文案编辑 / 王晓莉
版　　次 / 2018 年 2 月第 1 版　2018 年 3 月第 2 次印刷　责任校对 / 周瑞红
定　　价 / 29.80 元　　　　　　　　　　　　　　　责任印制 / 李　洋

图书出现印装质量问题，请拨打售后服务热线，本社负责调换

前　言

"出纳实务"是会计专业岗位群中操作性和政策性较强的技能基础课程，对其他财务类课程起着基石作用，对会计职业能力的培养、会计职业素养的养成具有明显的支撑作用和有力的促进作用。

本教材根据高职高专会计专业人才培养目标的要求，结合高职高专教学的要求和特点，坚持理论知识够用，深度适当，注重实务操作技能的教学和训练。全书始终贯彻以培养学生岗位能力为核心，以工作过程为导向，根据行业、企业出纳岗位的实际工作需要，兼顾学生未来职业发展需要，选择了贴近工作实际的4个典型项目作为教学内容。每个项目分解为若干任务。在"任务导入"部分，给出典型工作任务；在"本节内容"部分，介绍完成任务所需的基本知识和基本技能；在"练习题"部分，提供形式多样的习题，供学生强化训练并检测学习效果。

本教材由田宏、安宝强任主编，申艳、赵甲坤、张凌任副主编。具体编写任务如下：项目一由田宏、尚萍、张凌编写，项目二由申艳、高华蕾编写，项目三由赵甲坤、王璐、梁少春编写，项目四由安宝强、尚芙伊、郑元、裴容玉编写。全书由田宏制定写作大纲及总纂定稿。

本教材是由高职院校具有"双师"素质的一线教师，深入行业、企业调研，校企合作开发编写的。在本教材前期的分析调研及资料采集过程中，合作行业、企业的相关人员付出了大量的精力，在此要特别感谢日照实信会计师事务所有限公司的无私帮助。在编写过程中参考了有关专家的论文、专著和教材，得到了全国许多高职高专院校领导、专家的指导和帮助，在此一并表示感谢。

鉴于我们的实际技能和理论水平有限，书中难免存在一些错漏或不尽人意之处，望广大读者批评指正。

田　宏

2018年1月

目 录 Contents

项目一 出纳概述

- 任务一 出纳人员的基本素质 ………………………………………… 2
- 任务二 出纳人员的岗位职责 ………………………………………… 6
- 任务三 出纳工作交接 ………………………………………………… 9

项目二 出纳基本技能

- 任务一 书写数码字 …………………………………………………… 15
- 任务二 点钞技能 ……………………………………………………… 18
- 任务三 鉴别钞票 ……………………………………………………… 23
- 任务四 保险柜的使用 ………………………………………………… 30

项目三 库存现金管理

- 任务一 现金认知 ……………………………………………………… 34
- 任务二 现金收入 ……………………………………………………… 36
- 任务三 现金支付 ……………………………………………………… 38
- 任务四 现金存取 ……………………………………………………… 40
- 任务五 现金清查与保管 ……………………………………………… 44

项目四 银行结算业务

- 任务一 银行账户 ……………………………………………………… 50
- 任务二 转账结算 ……………………………………………………… 54
- 任务三 支票结算 ……………………………………………………… 56
- 任务四 银行汇票结算 ………………………………………………… 61
- 任务五 银行本票结算 ………………………………………………… 66

目录

任务六　商业汇票结算 ·· 70
任务七　汇兑 ·· 76
任务八　委托收款 ··· 80
任务九　托收承付 ··· 82
任务十　信用卡结算 ·· 84
任务十一　信用证结算 ·· 87
任务十二　银行存款的清查 ··· 91
附录 ··· 98

项目一
出纳概述

知识目标

△ 理解出纳的基本含义;
△ 明确出纳人员的基本素质;
△ 了解出纳人员与会计人员的关系;
△ 熟悉出纳岗位及其工作内容和要求;
△ 明确出纳人员的职责;
△ 掌握出纳人员的回避制度。

能力目标

△ 具备良好的职业素质和严谨的工作作风;
△ 培养职业责任感,树立职业道德观念。

任务一 出纳人员的基本素质

任务导入

大学毕业生李磊初到日照德信有限公司财务部出纳岗位实习,第一天上班,虚心地向老出纳人员刘军请教,如何胜任出纳岗位工作。刘军并没有直接回答,而是提了几个小问题让李磊思考。待李磊回答完毕,刘军才向他传授经验。

(1)出纳人员应当负责哪些会计凭证和账簿的填制?

(2)作为出纳人员,领导让你做的事情中,如果有些是不符合财务制度规定的,那么应该如何处理?

本节内容

一、出纳的含义

出纳作为会计名词,在不同场合有着不同的含义和内容。就字面而言,"出"即支出,"纳"即收入;就内容来看,包括两层意思:一是出纳工作;二是出纳人员。

1. 出纳工作

出纳工作是管理货币资金、票据、有价证券的收入和支出的一项工作。具体来说,出纳就是按照国家现金管理的相关规定和制度,办理现金收付、银行结算及相关账务,保管库存现金、有价证券、财务印章及有关票据等工作的总称。从广义上讲,只要涉及货币资金、票据和有价证券的收付、保管、核算,就属于出纳的工作范围。从狭义上讲,出纳工作仅指各单位会计部门专设出纳岗位或人员的各项工作。

2. 出纳人员

从广义上讲,出纳人员既包括会计部门的出纳工作人员,也包括业务部门的各类收款员(收银员)。出纳业务的管理和出纳人员的教育与培训,应从广义角度综合考虑。狭义的出纳人员仅指会计部门的出纳人员。

二、出纳人员的基本素质

1. 职业道德

1）爱岗敬业

爱岗就是要求从业者热爱本职工作、忠于职守。敬业就是人们对所从事的会计职业的正确认识和恭敬态度,并用这种热心恭敬的态度,认真地对待本职工作,将身心与本职工作融为一体,具有为出纳工作倾尽余力的决心。

爱岗敬业的基本要求:

(1) 热爱出纳工作,敬重会计职业。

(2) 严肃认真,一丝不苟。

(3) 忠于职守,尽职尽责。

2）诚实守信

诚实是指言行和内心思想一致,不弄虚作假、不欺上瞒下,做老实人、说老实话、办老实事。守信是指遵守自己所做出的承诺,说话、办事讲信用。

诚实守信的基本要求:

(1) 言行一致,表里如一。

(2) 实事求是,如实反映。

(3) 保密守信,不为利所惑。

(4) 执业谨慎,信誉至上。

3）廉洁自律

廉洁是指洁身自好,为公众谋事,不收受贿赂,不贪污钱财。自律是指行为主体按照一定的标准,自己约束自己,自己控制自己的言行和思想的过程。

廉洁自律的基本要求:

(1) 树立正确的人生观和价值观。

(2) 公私分明,不贪不占。

4）客观公正

客观公正要求出纳人员对会计业务的处理,对会计政策和会计方法的选择,以及对财务会计报告的编制、披露和评价必须独立进行职业判断,做到客观、公平、理智、诚实。

客观和公正二者是辩证统一的,客观是公正的基础,公正是客观的反映。客观公正是出纳人员的一种工作态度,客观公正更是出纳人员追求的一种境界,因此它是会计职业道德的灵魂。

客观公正的基本要求:

(1) 依法办事。

(2) 实事求是,不偏不倚。

(3) 保持独立性。

5）坚持准则

坚持准则是要求出纳人员在处理业务的过程中,严格按照会计法律制度办事,不受自己的主观意识或者他人的意志所左右。

坚持准则的基本要求：

（1）熟悉准则。

（2）遵循准则。

（3）坚持准则。

6）提高技能

提高技能是出纳人员在实际工作中通过合理途径自动更新知识、不断提高会计理论水平和会计实务能力、提高职业判断能力和沟通交流能力等来适应不断变化的经济环境。

提高技能的基本要求：

（1）要有不断提高会计专业技能的意识和愿望。

（2）要有勤学苦练的精神和科学的学习方法。

7）参与管理

参与管理是通过记账、算账、报账、预测、分析和考核等手段向管理者提供财务会计信息，为管理活动提供合理化建议，为管理者当参谋。

参与管理的基本要求：

（1）努力钻研业务，熟悉财经法规和相关制度，提高业务技能，为参与管理打下基础。

（2）熟悉服务对象的经营活动和业务流程，使参与管理的决策更具针对性和有效性。

8）强化服务

强化服务是要求出纳人员在提供服务的过程中具有强烈的服务意识、文明的服务态度和优良的服务质量，以提高服务对象的满意度。

强化服务的基本要求：

（1）强化服务意识。

（2）提高服务质量。

2. 政策水平

没有规矩，不成方圆。出纳工作涉及的"规矩"很多，如《中华人民共和国会计法》（以下简称《会计法》）、现金管理制度、银行结算制度、《会计基础工作规范》、成本管理条例、费用报销额度、税收管理制度及发票管理办法，还有本单位自己的财务管理规定等。如果不熟悉、不掌握这些政策法规和制度，那么是绝对做不好出纳工作的。所以，要做好出纳工作的首要任务就是学习、了解和掌握财经法规和制度，提高自己的政策水平。出纳人员只有熟练掌握政策法规和制度，明白自己哪些该干、哪些不该干、哪些该抵制，工作起来才会得心应手，才不会犯错误。

3. 业务技能

"台上一分钟，台下十年功。"这对出纳工作来说是十分适用的。出纳工作需要很强的操作技巧。打算盘、用电脑、填票据、点钞票等，都需要深厚的基本功。作为专职出纳人员，不但要具备处理一般会计事务的财会专业基本知识，还要具备较高的处理出纳事务的出纳专业知识水平和较强的数字运算能力。出纳的数字运算往往在结算过程中进行，要按计算结果当场开出票据或收付现金，既要速度快，又不能出错。这和事后的账目计算有着很大的区别。账目计算错了可以按规定方法更改，但钱算错了就不一定说得清楚，不一定能"改"得过来了。所以说，出纳人员需要有很强的数字运算能力，不管你用计算机、算盘、计算器，还是其他运算器，都必须具备较快的速度和非常高的准确性。在快和准的关系上，作为出纳人员，要把准确放在第一位，要准中求快。提高出纳业务技术水平的关键是在手上下功夫，如打算盘、操作计算机、开票据等都离不开手。而要在手上下功夫，关键在勤，勤能生巧，巧自勤来。有了勤，就一定能达到出纳技术操作上的理想境界。另外，还要苦练汉字、阿拉伯数字，提高写作概括能力，一张书写工整、填写齐全、摘要精练的票据最能体现一个出纳人员的工作能力。

4. 工作作风

要做好出纳工作首先要热爱出纳工作，要有严谨细致的工作作风和职业习惯。作风的培养在成就事业方面至关重要。出纳人员每天和金钱打交道，稍有不慎就会造成意想不到的损失，故出纳人员必须养成与出纳岗位相符合的工作作风，概括起来就是：精力集中、有条不紊、严谨细致、沉着冷静。精力集中就是工作时要全身心地投入，不为外界所干扰；有条不紊就是计算器具要摆放整齐，钱款票据要存放有序，办公环境洁而不乱；严谨细致就是认真仔细，做到收支计算准确无误，手续完备，不发生工作差错；沉着冷静就是能够在复杂的环境中随机应变，化险为夷。

4. 安全意识

现金、有价证券、票据、各种印鉴，既要有内部的保管分工，各负其责，并相互牵制，也要有对外的安保措施，从办公用房的建造，门、抽屉、柜子的锁具配置，到保险柜密码的管理，都要符合安保的要求。出纳人员既要密切配合保安部门的工作，又要增强自身的安保意识，学习安保知识，把保证自身分管的公共财产的安全完整作为自己的首要任务来完成。

三、出纳人员与会计人员的关系

作为财务人员中的出纳人员与会计人员（此处的会计人员指除出纳岗位之外的其他会计岗位的人员。下同），二者均属于一个独立核算单位的财务工作者，分别在财务工作中处于重要地位。二者的工作既有区别，也存在着许多必然的联系；二者有着明确的分工，且在工作中也各有侧重，出纳人员管钱，而会计人员负责管账。工作中只有二者相互协作，才能打理好公司的日常财会业务。出纳人员与会计人员的关系如下：

1. 分工明确

1）出纳人员的主要职责

货币资金的收付以及与之相关的现金日记账和银行存款日记账的登记，还需每日或是定期与会计人员进行对账，以便核对双方库存现金、银行存款账是否相符，做到相互配合、互相监督，进而避免出现多报、冒领等差错。因此，作为出纳人员，不能单纯地办理现金的收付和银行存款的存取，也要办理部分会计业务，所以需要学习会计知识，以便在填制"收款凭证"和"付款凭证"时，熟练地掌握会计科目的对应关系。

2）会计人员的主要职责

会计人员可细分为记账会计、税务会计、材料会计、成本会计等，专管总账和除货币资金之外的其他明细账。会计人员要负责整个会计核算工作，包括平行登记总账、明细账，编制会计报表，完成纳税申报和成本核算工作。

总体上讲，必须实行钱账分管，出纳人员不得兼管稽核和会计档案保管，不得负责收入、费用、债权债务等账目的登记工作。会计人员则不得管钱、管物。

2. 相互依赖、牵制

出纳人员和会计人员之间，有着很强的依赖性。他们核算的依据是相同的，都是会计原始凭证和会计记账凭证。这些作为记账凭据的会计凭证必须在出纳人员和会计人员之间按照一定的顺序传递；他们相互利用对方的核算资料；共同完成会计任务，缺一不可。同时，他们之间又互相牵制。出纳人员的现金和银行存款日记账与管理总账的会计人员的现金和银行存款总分类账，总分类账与其所属的明细分类账，以及明细账中的有价证券账与出纳账中相应的有价证券账，有金额上的等量关系。这样，出纳人员和会计人员之间就构成了相互牵制的关系，二者之间必须相互核对，保持一致。

任务二　出纳人员的岗位职责

任务导入

李磊经过一段时间的实习，已经熟悉了出纳岗位的工作内容，对出纳岗位的职责也有了自己的认识。

本节内容

一、出纳工作的特点

1. 社会性

出纳工作担负着收付、存取一个单位的货币资金的任务，而这些任务的完成是置身于整个社会经济活动的大环境之中的，是和整个社会的经济运转相联系的。只要这个单位发生经济活动，就必然要求出纳人员与之发生经济关系。例如，出纳人员要经常去银行。因此，出纳工作具有广泛的社会性。

2. 专业性

出纳工作作为会计工作的一个重要岗位，有专门的操作技术和工作规则。凭证如何填，日记账怎样记都很有学问，就连保险柜的使用与管理也是有一定要求的。因此，要做好出纳工作，一方面要求经过一定的职业教育；另一方面也需要在实践中不断积累经验，掌握其工作要领，熟练使用现代化办公工具。

3. 政策性

出纳工作是一项政策性很强的工作，其工作的每一环节都必须依照国家有关规定进行。例如，办理现金收付要按照国家现金管理规定进行，办理银行结算业务要根据国家银行结算办法进行。《会计法》《会计基础工作规范》等法规都把出纳工作并入了会计工作中，并对出纳工作提出具体规定和要求。如果出纳人员不掌握这些政策法规，就做不好出纳工作；如果出纳人员不按这些政策法规办事，就违反了财经纪律。

4. 时间性

出纳工作具有很强的时间性，何时发放职工工资，何时核对银行对账单等，都有严格的时间要求，一天都不能延误。因此，出纳人员心里应有个时间表，及时办理各项工作，以保证出纳工作的质量。

二、出纳工作的组织形式

合理设置出纳机构是保证出纳工作顺利进行的基础。出纳人员设置也要以业务需要为原则，既要满足出纳工作量的需要，符合内部牵制原则，又要避免人浮于事的现象。一般可以采取一人一岗、一人多岗、多人一岗等几种形式。

（1）一人一岗：规模中等的单位可设专职出纳人员一名，这是最为常见的形式。

（2）一人多岗：规模较小的单位，至少要在其他机构中（如后勤部门）配备兼职出纳人员一名。

（3）一岗多人：规模较大的单位，可以设多名出纳人员。

三、出纳工作的基本原则

出纳工作的基本原则主要指内部牵制原则或者说钱账分管原则。《会计法》第二十一条第二和第三款规定："会计机构内部应当建立稽核制度。出纳人员不得兼管稽核、会计档案保管和收入、费用、债权债务账目的登记工作。"

钱账分管原则是指凡是涉及款项和财物收付、结算及登记的任何一项工作，必须由两人或两人以上分工办理，以起到相互制约的作用。例如，现金和银行存款的支付，应由会计主管人员或其授权的代理人审核、批准，出纳人员付款，记账人员记账；发放工资，应由工资核算人员编制工资单，出纳人员向银行提取现金和分发工资，记账人员记账。实行钱账分管，主要是为了加强会计人员相互制约、相互监督、相互核对，提高会计核算质量，防止工作误差和营私舞弊等行为的出现。

四、出纳人员的职责和权限

1. 出纳人员的职责

出纳是会计工作的重要环节，涉及现金收付、银行结算等活动，而这些又直接关系到员工个人、单位乃至国家的经济利益，一旦出现差错，就有可能造成无法挽回的损失。因此，应明确出纳人员的职责和权限。根据《会计法》《会计基础工作规范》等会计法规的规定，出纳人员具有以下职责。

（1）出纳人员要按照国家有关现金管理和银行结算制度的规定，办理现金收付和银行结算业务。具体内容有以下几点：

①出纳人员应严格遵守现金收支范围的规定，非现金结算的范围不得使用现金收付。

②遵守库存现金限额，对超限额的现金应按规定及时送存银行。

③现金管理要做到日清月结，每日下班前应核对账面余额与库存现金余额，发现问题须及时查对。

④银行存款日记账与银行对账单要及时核对，如有不符，则应立即通知银行调整。

（2）出纳人员要根据会计制度的规定，在办理现金和银行存款收付业务时，严格审核有关原始凭证，再根据审核无误的原始凭证编制收付款凭证，最后根据编制的收付款凭证，按顺序逐笔登记现金日记账和银行存款日记账，并结出余额。

（3）按照国家外汇管理和结汇、购汇制度的相关规定办理外汇出纳业务。外汇出纳业务是一项政策性很强的工作，随着我国改革开放的深入、国际经济交往日益频繁，外汇出纳也越来越重要，出纳人员应熟悉国家外汇管理制度，及时办理结汇、购汇、付汇业务，避免国家外汇流失。

（4）掌握银行存款余额，不准签发空头支票，不准出租、出借银行账户为其他企业办理结算。这是出纳人员必须遵守的一条纪律，也是防止经济犯罪、维护经济秩序的重要保障。出纳人员应严格管理支票和银行账户的使用，堵塞结算漏洞。

（5）保证库存现金和各种有价证券（如国库券、债券、股票等）的安全与完整。出纳人员应建立适合本企业情况的现金和有价证券保管责任制，如果发生短缺，那么对属于出纳人员责任的，其要进行赔偿。

（6）出纳人员要妥善保管好有关印章、空白收据和空白支票。企业的印章、空白票据在企业的财务管理工作中非常重要，在实际工作中，因丢失印章和空白票据给企业带来经济损失的不乏其例。因此，担负保管责任的出纳人员必须有安全保管意识，并给予高度重视。通常情况下，企业财务公章和出纳人员名章要分开保管，出纳人员对交由其保管的出纳印章要严格按照规定用途使用，对各种票据要办理领用和注销手续。

2. 出纳人员的权限

（1）维护财经纪律，执行财会制度，抵制不合法的收支和弄虚作假行为。

《会计法》第三章第十六条、第十七条、第十八条和第十九条中对会计人员如何维护财经纪律进行了明确的规定。具体如下：

各单位的会计机构、会计人员对本单位实行会计监督。会计机构、会计人员对不真实、不合法的原始凭证，不予受理；对记载不准确、不完整的原始凭证，予以退回，要求更正、补充。会计机构、会计人员发现账簿记录与实物、款项不符的时候，应当按照有关规定进行处理；无权自行处理的，应当立即向本单位领导人报告，请求查明原因，做出处理。

会计机构、会计人员对违法的收支，应当制止和纠正；制止和纠正无效的，应当向单位领导人提出书面意见，要求处理。单位领导人应当自接到书面意见之日起10日内做出书面决定，并对决定承担责任。

会计机构、会计人员对违法的收支,不予制止和纠正,又不向单位领导人提出书面意见的,也应当承担责任。

对严重违法损害国家和社会公众利益的收支,会计机构、会计人员应当向主管单位或者财政、审计、税务机关报告,接到报告的机关应当负责处理。

(2) 参与货币资金计划定额管理的权力。

(3) 管好货币资金的权力。

五、出纳人员的回避制度

《会计基础工作规范》规定:"国家机关、国有企业、事业单位任用会计人员应当实行回避制度。单位领导人的直系亲属不得担任本单位的会计机构负责人、会计主管人员。会计机构负责人、会计主管人员的直系亲属不得在本单位会计机构中担任出纳工作。"

需要回避的主要有以下三种亲属关系:

(1) 夫妻关系。夫妻关系是血亲关系和姻亲关系的基础和源泉,它是亲属关系中最核心、最重要的部分,故需要回避。

(2) 直系血亲关系。直系血亲是指具有直接血缘关系的亲属。法律上讲的有两种情况:第一种是出生于同一祖先,有自然联系的亲属,如祖父母、父母、子女等;第二种是指本来没有自然的或直接的血缘关系,但法律上确定其地位与血亲相等,如养父母和养子女之间的关系。直系血亲关系是亲属关系中最为紧密的关系之一,也应当列入回避范围。

(3) 三代以内的旁系血亲以及近姻亲关系。旁系血亲是指源于同一祖先的非直系的血亲。所谓三代,就是从自身往上或者往下数三代以内,除了直系血亲以外的血亲,就是三代以内旁系血亲,实际上就是自己的兄弟姐妹及其子女与父母的兄弟姐妹及其子女。所谓近姻亲,主要是指配偶的父母、兄弟姐妹、子女的配偶及子女配偶的父母。因为三代以内的旁系血亲以及近姻亲关系在亲属中也是比较亲密的关系,所以也需要回避。

出纳工作交接

任务导入

经过一段时间的实习考查,刘军认为李磊可以胜任出纳工作,准备将出纳工作交给他。出纳工作的交接需要注意哪些问题呢?

本节内容

《会计基础工作规范》第二十五条规定："会计人员因工作调动或因故离职，必须将本人所经管的会计工作全部移交给接替人员。没有办清交接手续的，不得调动或离职。"做好出纳交接工作，办好交接手续，是出纳人员应尽的职责，也是分清移交人员与接管人员责任的必要保证，有利于出纳工作前后衔接有序，防止账目不清，财务混乱。

一、出纳工作交接的含义

出纳工作交接是指出纳人员在岗位调动或离职时，由离任的出纳人员将有关的工作内容、工作资料和所保管的实物、票证等移交给接替相关工作的出纳人员，并办妥交接手续的全过程。

二、出纳工作交接的原因

（1）出纳人员因辞职或调动离开单位。
（2）企业内部工作变动，不再担任出纳职务，如出纳岗位轮岗调换到其他会计岗位。
（3）出纳岗位内部增加或减少工作人员，进行重新分工。
（4）会计人员临时离职或者因病不能工作且需要接替或者代理的。
（5）因特殊情况，如停职审查等，按规定不宜继续从事出纳工作；
（6）企业因其他情况，按规定应办理出纳交接工作的，如企业解散、破产、兼并、合并、分立等情况发生时，出纳人员应向接收单位或清算组办理移交。

三、出纳工作交接的内容

出纳工作交接的具体内容，要视单位规模大小、出纳业务多少、出纳人员的具体分工等情况不同而定。交接内容一般包括财物的交接、出纳文件及账证的交接、出纳电算化资料的交接、口头业务介绍及注意事项的交接等。

1. 财物的交接

出纳人员离任时，要将手中掌管的财物移交给接任者，具体包括：
（1）库存现金、银行账号、金银珠宝及其他贵重物品等。
（2）各种有价证券及银行结算票据。有价证券包括国库券、企业债券、股票等；银行结算票据包括支票、银行汇票、银行本票、商业汇票等用于银行结算的各种票据（含票据簿及作废票据）。
（3）财务印章，包括财务专用章、银行预留印鉴、现金收讫章、现金付讫章等。
（4）钥匙及密码，包括办公室的钥匙、保险柜的钥匙及密码、各种保密号码等。
（5）公用计算工具，包括计算器、算盘、支票密码器、点验钞机等；
（6）出纳保管的其他财物。

2. 出纳文件及账证的交接

出纳人员需交接的文件及账证资料包括：

（1）出纳凭证及账簿，包括各种出纳原始凭证（包括空白、已用和作废凭证）、记账凭证、现金日记账、银行存款日记账等。

（2）出纳报表，包括现金日报表、银行存款日报表、现金和银行存款盘点报告表、银行存款余额调节表等。

（3）其他出纳文件，包括应由出纳人员保管的各种证件、申请、合同、协议等。

3. 出纳电算化资料的交接

实行会计电算化的单位，交接的出纳电算化资料包括：计算机实物及配件、开机密码、财务应用软件使用说明、软件注册相关资料、管理员登录账号及密码、相关文档的存储及备份位置等。

4. 口头业务介绍及注意事项的交接

出纳人员离任时，除了要向交接者介绍原岗位职责、工作范围和权限外，还要对各种周期性强、经办未了的业务，如缴纳水电费等业务，说明具体的工作流程、主要环节和注意事项，以保证接任者以后的工作连续顺畅。

四、交接阶段

1. 交接准备

（1）将出纳账簿登记完毕，并在最后一笔余额后加盖名章。

（2）出纳日记账与库存现金、银行存款总账核对相符，库存现金账面余额与实际库存现金核对一致，银行存款账面余额与银行对账单核对无误。

（3）在出纳账簿启用表上填写移交日期，并加盖名章。

（4）整理应移交的各种资料，对未了事项要写出书面说明。

（5）编制"移交清册"，填明移交的账簿、凭证、现金和其他物品的具体名称和数量。

2. 正式交接

（1）现金、有价证券、贵重物品要根据出纳账簿和备查账簿余额逐一进行点交。

（2）出纳账簿和其他会计资料必须完整无缺，不得遗漏。

（3）接替人员应核对出纳账与总账、出纳账与库存现金和银行对账单的余额是否相符。

（4）接替人员按移交清册点收印章（主要包括财务专用章、支票专用章和领导人名章）及其他实物。

（5）接替人员交接完毕后，应在出纳账簿启用表上填写接收时间，并签名盖章。

3. 交接完毕

交接完毕后，交接双方和监交人，要在移交清册上签名或盖章。移交清册必须写明单位名称、交接日期、交接双方和监交人的职务及姓名，以及移交清册页数、份数和其他需要说明的问题和意见。

移交清册一般一式三份，双方各执一份，存档一份。

练 习 题

一、单项选择题

1. 出纳工作的基本原则是（　　）。
   A. 内部牵制原则　　　　　　　　B. 权责发生制原则
   C. 配比原则　　　　　　　　　　D. 实质重于形式原则

2. 下列项目符合会计法规定的是（　　）。
   A. 出纳可以兼管债权、债务的登记
   B. 出纳可以兼记固定资产明细账，但不得兼管稽核
   C. 出纳既不能兼记固定资产明细账又不能兼管稽核
   D. 出纳既能兼记固定资产明细账又能兼管稽核

3. 根据有关规定，会计人员因故离职时应与接替人员办理工作交接手续。下列选项中，表述正确的是（　　）。
   A. 会计人员调动工作或因故离职，未办清交接手续的，不得调动或离职
   B. 一般会计人员办理交接手续，由单位负责人负责监交
   C. 交接工作结束后，接替人员应当另立账册记账，以便分清各自职责
   D. 交接工作结束后，只需移交人员与接替人员双方在移交清册上签章

4. 单位负责人的直系亲属不得在本单位（　　）。
   A. 担任出纳人员　　　　　　　　B. 担任会计机构负责人
   C. 从事会计工作　　　　　　　　D. 担任内部稽核

5. 现金要根据会计账簿记录余额进行当面点交，不得短缺，接替人员发现不一致或"白条抵库"现象时，（　　）在规定期限内负责查清处理。
   A. 接替人员　　　　　　　　　　B. 移交人员
   C. 会计机构负责人　　　　　　　D. 出纳人员

6. 下列各项中，不属于不相容职务分离原则的岗位是（　　）。
   A. 出纳与债权、债务登记　　　　B. 出纳与稽核
   C. 出纳与现金保管　　　　　　　D. 出纳与会计档案管理

7. 根据会计法律制度的规定，下列有关办理会计移交手续的表述中，不正确的是（　　）。
   A. 会计主管人员办理交接手续，由上级审计部门监交
   B. 经单位领导人批准，委托他人代办移交的，委托人仍应承担相应责任
   C. 因病不能工作的会计人员恢复工作的，也应当与接替人员办理交接手续
   D. 单位会计机构负责人晋升为本单位总会计师的，因仍主管会计工作，可不办理交接手续

8. 会计工作的特点决定了（　　）是会计职业道德之本。
   A. 诚实守信　　B. 廉洁自律　　C. 公平公正　　D. 坚持准则

9. （　　）是会计人员最基本的职业道德。
   A. 不做假账　　　B. 依法建账　　　C. 依法办事　　　D. 客观公正
10. 一般会计人员在办理会计工作交接手续时，负责监交的人员应当是（　　）。
    A. 单位职工代表　　　　　　　　B. 其他会计人员
    C. 会计机构负责人　　　　　　　D. 单位档案管理人员
11. 某单位会计人员在办理了会计资料移交后已调离原单位工作岗位，事后发现已移交的会计资料的真实性、完整性存在问题，依照法律应由（　　）承担法律责任。
    A. 接替人员　　B. 原移交人员　　C. 监交人员　　D. 会计主管人员
12. 会计人员应当保守工作中知悉的单位商业秘密是会计职业道德（　　）的基本要求。
    A. 爱岗敬业　　B. 诚实守信　　C. 坚持准则　　D. 廉洁自律
13. 客观公正的基本要求包括（　　）。
    A. 端正态度，依法办事，实事求是，保持独立性
    B. 公私分明，依法办事，实事求是，保持独立性
    C. 端正态度，坚持准则，实事求是，保持独立性
    D. 端正态度，忠于职守，实事求是，保持独立性
14. 会计主管人员在办理会计工作交接手续时，负责监交的人员应当是（　　）。
    A. 单位职工代表　　　　　　　　B. 其他会计人员
    C. 单位负责人　　　　　　　　　D. 单位档案管理人员
15. "常在河边走，就是不湿鞋"体现了会计职业道德（　　）的精神。
    A. 爱岗敬业　　B. 坚持准则　　C. 诚实守信　　D. 廉洁自律

二、简述题

1. 出纳人员应该具备哪些基本素质？
2. 简述出纳人员的主要工作内容。
3. 简述出纳人员的岗位职责和权限。
4. 简述出纳人员与会计人员的关系。

三、案例分析

华日机械厂是国有企业，厂长孙博将出现工作失误的出纳人员田涛革职，并调离会计机构，同时任命现任会计主管李乐的妹妹李婷担任出纳人员。当田涛和李婷自行交接工作时，李婷要求田涛做出承诺，对他所移交的会计资料的合法性、真实性负责，田涛认为工作交接后，有关会计资料的任何问题均与他无关，因此拒绝做出承诺。请分析：

1. 李婷担任出纳人员是否合法，为什么？
2. 李婷和田涛的交接是否符合程序？
3. 田涛对交接后的会计责任的看法是否正确？为什么？

项目二

出纳基本技能

知识目标

△ 掌握大写、小写数码字的正确书写方式；
△ 掌握常用的纸币和硬币的整点方法；
△ 掌握流通中的人民币的防伪特征；
△ 掌握保险柜的使用常识及其日常管理要求。

能力目标

△ 会正确书写大、小数码字；
△ 会用常用方法整点钱币；
△ 能鉴别人民币。

任务一　书写数码字

任务导入

日照德信有限公司是专业的办公家具厂商，李磊是该公司新近招聘的出纳人员。在 2015 年 10 月 3 日的工作中，他填制了几张原始凭证，其中金额部分填写如下。

小写金额为 4 200.00 元；大写金额为"人民币肆仟贰佰元整"。

小写金额为 107 000.00 元；大写金额为"人民币拾万柒仟元整"。

小写金额为 8 500.96 元；大写金额为"人民币捌仟伍佰零玖角陆分"。

请指出李磊数码字书写中的错误。

本节内容

一、小写数码字的书写

阿拉伯数字是世界各国的通用数字。阿拉伯数字也称"公用数字"。在会计记账书写中，阿拉伯数字又称"小写数字"，其书写顺序是：由高位到低位（从左位到右位）依次写出各位数字。

1. 数码字书写的整体要求

（1）书写的角度要适当。每个数字独立有形，使人一目了然，每个数字要大小匀称，笔画匀畅，不能连笔书写。数码字笔画简单，笔势缺少变化，一般不要求像文字那样端正书写，否则，字形会显得生硬呆板。书写数码字时一般要求倾斜书写，数码字上端向右倾斜，应保持各个数码字的倾斜度一致，自然美观，以 55°～60°的水平倾斜角为宜，如图 1–1 所示。

 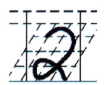 

图 1–1　数码字倾斜书写范例

(2) 书写的位置要适当。具体有：

①数码字的高度。每个数码字要紧贴底线书写，高度一般占全格的二分之一为准，最多不要超过全格的三分之二，以便为更正数码字留有余地，过小可能会因不清晰而影响阅读。数码字高低要一致，但6、7、9除外。"6"的上端比其他数码字高出四分之一，"7"和"9"上面低于下半格子四分之一，最多不得超过三分之一，如图1-2所示。

图1-2　数码字书写高度范例

②数码字的间距。要求每个数码字的中部大体位于格间距的1/2的两条对角线交点上，不宜过于靠左或者靠右。在印有数位线的凭证、账簿、报表上，每一格只能写一个数码字，不得几个字挤在一个格子里，也不得在数码字中间留有空格，如果没有数位线，则数码字的整数部分，可以从小数点向左按"三位一节"由个位起，从右向左，每隔三位，用分节号（也称千分撇、分位点）"，"分开，以便于读数、分清大小和汇总计算，如图1-3所示。

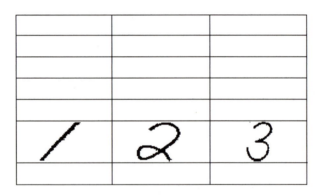

图1-3　数码字书写间距范例

(3) 数码字书写要工整。规范书写数码字，应使其工整流畅、匀称美观、一目了然，切忌潦草、连笔、模糊。

2. 单个数码字的书写要领

"0"字的书写。书写"0"时，紧贴底线，圆要闭合，不宜过小，否则易被改为"9"；几个"0"连写时，不要写连接线。

"1"字的书写。书写"1"时，要保持倾斜度，将格子占满，不能比其他数字短，否则易被改成"4""6""7""9"等数码字。

"2"字的书写。书写"2"时，落笔应紧贴底线，否则易被改成"3"。

"3"字的书写。书写"3"时，拐弯处应光滑流畅，起笔处至拐弯处距离稍长，不宜过短，否则易被改成"5"。

"4"字的书写。书写"4"时，"∠"角要死折，即竖要斜写，横要平直且长，折角不能加弧度，否则易被改成"6"。

"5"字的书写。书写"5"时，横、钩必须明显，不可拖泥带水，否则易被改成或混淆成"8"。

"6"字的书写。书写"6"时，起笔处在上半路的四分之一处，下圆要明显，否则易被改成"4"或"8"。

"7"字的书写。书写"7"时，横要平直明显（即稍长），竖稍斜，拐弯处不能圆滑，否则易与"1"或"9"相混淆。

"9"字的书写。书写"9"时，上部的小圆要闭合，不留间隙，并且一竖稍长，略微出底线，否则易与"4"混淆。

3. 数码字金额的书写要求

一般要求数码字金额书写到分位为止，元位以下保留角、分两位小数，对分以下的厘、豪、丝、息采用四舍五入的方法。但少数情况下，如计算百分率、折旧率、加权平均单价、单价成本及分配率等，也可以采用多位小数，以达到计算比较准确的目的。

（1）印有数位线（金额线）的数码字书写要求。一般来说，凭证和账簿已印好数位线，必须逐格顺序书写，"角""分"栏金额齐全。如果"角""分"栏无金额，则应该以"0"补位，也可在格子的中间画一短横线代替；如果金额有角无分，则应在分位上补写"0"，不能用"—"代替。

（2）没有数位线（金额线）的数码字书写。如果没有角和分，则应在元位后的小数点"."后补写"00"或画一短斜横线；如果金额有角无分，则应在分位上补写"0"，如"￥24 579.00"，也可写成"￥24 579—"，但"￥73 366.30"不能写成"￥73 366.3"或"￥73 366.3—"。

4. 货币币种符号的使用

阿拉伯金额数字前面应当书写货币币种符号或者货币名称简写和币种符号。币种符号与阿拉伯金额数字之间不得留有空白。凡阿拉伯数字前有币种符号的，数字后面不再写货币单位。印有"人民币"三个字不可再写"￥"符号，但在金额末尾应加写"元"字。

5. 订正错误的方法

小写金额数字发生错误时，严禁采用刮、擦、涂改或采用药水消除字迹等方法改错，应采用正确的更正方法进行更正。正确的更正方法为画线更正法，即将错误的数字全部用单红线注销掉，并在错误的数字上盖章，而后在原数字上方对齐原位填写出正确的数字。

二、大写数码字的书写

中文大写数码字是用于填写需要防止涂改的销货发票、银行结算凭证、收据等，因此，在书写时不能写错。如果写错，则本张凭证作废，需要重新填制凭证。

1. 大写数码字的内容

大写数码字分为数字和数位两个部分，其中，数字部分包括壹、贰、叁、肆、伍、陆、柒、捌、玖9个数码字，数位部分包括拾、佰、仟、万、亿、元、角、分、零、整等。出纳人员在书写大写数码字时，不得用〇、一、二、三、四、五、六、七、八、九、十、廿、毛、伝、另等简化字字样代替。

2. 大写数码字书写的基本要求

大写数码字书写的基本要求包括以下几点。

(1) 大写金额前要冠以"人民币"字样,且"人民币"与金额首位数字之间不留空位,数字之间更不能留空位,写数字与读数顺序要一致。

(2) 人民币以元为单位,元后无角和分的需要写"整"字。如果到角为止,那么角后也可以写"整"字;如果到分为止,则分后不写"整"字。

(3) 切忌用其他文字代替大写数码字,如"零"不能用"另"代替,"角"不能用"毛"代替等。

(4) 金额数字中连续几个"0"字时,可只写一个"零"字,如 500.70 元,应写作"人民币伍佰元零柒角整"。

(5) 大写金额数字前有空位的,应当在数字前用"○"或"×"逐位补齐。大写金额数字前未印有货币名称的,应当加填货币名称。

(6) 表示位的文字前必须有数字,如"拾元整"应写作"壹拾元整"。

3. 订正错误的方法

大写数码字写错或发现漏记,不能涂改,也不能用"画线更改法",必须重新填写凭证。

任务二 点钞技能

任务导入

出纳人员在办理现金收付业务时,首先要依据现金收、付款凭证的金额点数钞票,然后才能办理具体的现金收付存业务。可见,点钞是出纳人员必须掌握的一项基本业务技能。出纳人员在整点票币时,不仅要做到点数准确无误,还必须对损伤票币、伪造币、变造币等进行挑拣和处理。

本节内容

一、纸币整点

1. 点钞方法介绍

纸币的整点方法主要有手工点钞法和机器点钞法两种,一般企、事业单位主要使用手工点钞法。

下面介绍几种常用的手工点钞法。

1）手持式单指单张点钞法

用一个手指一次点一张的方法叫手持式单指单张点钞法，这种方法是点钞中最基本也是最常用的一种方法，使用范围较广，频率较高，适用于收款、付款和整点各种新旧大小钞票。这种点钞方法由于持票面小，能看到票面的3/4，容易发现假钞票及残破票，缺点是点一张记一个数，比较费力。

这种点钞法的基本要领是：用左手拇指按住钞票正面的左端中央，食指和中指在钞票背面，与拇指一起捏住钞票，无名指自然卷曲，担起钞票后小拇指伸向钞票正面压住钞票左下方，中指稍用力，与无名指、小拇指卡紧钞票，食指伸直，拇指向上移动，按住钞票侧面，将钞票压成瓦形（左手手心向下），然后左手将钞票往桌上擦过，将钞票翻转，拇指借从桌面擦过的力量将钞票撑成微开的扇面并斜对自己，右手3个指头蘸水，用右手拇指指尖向下捻动钞票右下角（幅度不宜过大），右手食指在钞票背后配合拇指捻动，用无名指将捻起的钞票往怀里弹，边数边记数。记数必须一张一张地记，直到记到100张。采用1、2、3、4、5、6、7、8、9、1（即10），1、2、3、4、5、6、7、8、9、2（即20）的计数方式，以此类推，数到1、2、3、4、5、6、7、8、9、10（即100）。这种方法是将100个数编成10组，每个数由10个一位数组成，前面9个数都表示张数，最后一个数既表示这一组的最后一张，也表示这一组的第10张，又表示这个组的组序号码（即第几组）。这样在点数时，技术的频率和捻钞的速度能基本吻合。记数时要注意不要用嘴念出声来，要用心记。做到心、眼、手三者密切配合。

2）手持式单指多张点钞法

点钞时，一指同时点两张或两张以上的方法叫单指多张点钞法。它适用于收款、付款和各种券别的整点工作。点钞时记数简单省力，效率高。但也有缺点，就是在一指捻几张时，由于不能看到中间几张的全部票面，所以假钞和残破票不易发现。这种点钞法除了记数和清点外，其他均与单指单张点钞法相同。

将右手拇指肚放在钞票的右上角，拇指尖超出钞票前，点双张时拇指肚捻1张，拇指尖往下捻第2张；点3张以上时拇指均衡用力，捻的幅度不要太大，食指、中指在票后配合拇指捻动，四指向怀里弹，弹的速度要快。点数则从左侧看，这样看的幅度大，看得清楚。记数时采用分组记数的方法，如点3张，即3张为一组，记一个数，点33次余1张，即是100张；点4张以上均以此方法计算。

3）手持式四指拨动点钞法

手持式四指拨动点钞法适用于收款、付款和各种券别的整点工作。5角以上的票券均能点，特点是效率高（4个手指都拨票），记数省力（4张记一个数），操作时主要用手指关节活动，动作范围小，可以减轻劳动强度。

这种点钞方法最适用于点整把券，不适于点残破票太多的钞票。点数时左手无名指、小指夹住钞票左下端，中指与拇指沿钞票的两侧伸出，卡住钞票。拇指要高于三指，中指稍用力，使钞票右上角稍向后倾斜成弧形，便于点数，中指稍曲抵住钞票背面中上方。右手食指、中指、无名指、小指4个指头同时蘸水，点数时先以小指触及票面弧形面上，然后再将无名指、中指、食指顺向上移，食指稍加向前推动，以适应待点钞票的厚度。记数时采用分组计数的方法，每4张为一组，记一个数。记数从食指拨下钞票后起。

采用此种方法点钞时应注意拨票时眼睛应集中在钞票的右上角，这样可以看到票面的1/2，便于看出残破券、发现双张和拨空等。

4）手按式单张点钞法

用这种方法点数钞票时，需要把钞票横放在桌上对正自己，用左手无名指、小指按住钞票的左上角，用右手拇指托起右下角的部分钞票；用右手食指捻动钞票，每捻起1张，左手拇指即往上推动，送到食指、中指之间，并夹住，这样就完成了一次点钞动作，以后依次连续操作。

5）扇面式一按5及一按10张点钞法

把钞票捻成扇面状进行清点的方法叫扇面式点钞法。这种点钞方法速度快，是手工点钞中效率最高的一种。但它只适合清点新票币，不适合清点新、旧、破混合钞票。

扇面点钞法是将钞票捻成扇面型，用四指交替拨动，分组点数，一次数点多张的方法。使用这种点钞方法首先要开好扇，即打扇面。打扇面时钞票要竖拿，左手拇指和食指、中指捏住钞票的右下角，无名指、小指弯曲靠手心，右手拇指按住钞票下半部正中间，食指横在钞票背面，其余三个指头弯向手心（或食指、无名指、小指均横在钞票背面）。拧扇面时，以左手为轴（即持票的指在原位置上动作），右手食指将钞票向左下方压，将压弯的钞票向左上方推起；食指、中指两指向左捻动，此时左手拇指必须配合右手动作；这样反复操作，右手拇指逐次由中部向下移动，移至右下角时即可将钞票退成扇面形，然后用两手捧住钞票，将不均匀的地方抖开，钞票左半部向左方抖，右半部向右方抖。

用扇面式一按10张点钞法时，扇面小些更便于清点。在点数钞票时，用左手持扇面，右手中指、无名指、小指托住钞票背面，用拇指一次向下按5张或10张，按下后用食指压住，按时不要用力过大，按的部位是在钞票的右上端，离右上角1cm左右。点数时，左手应随着点数的进度，以腕为轴微向内转，适应右手点数位置，右臂的肘部也随着点数的进度，自然向前移动。记数时用分组记数法，一按5张即每5张为一组，记一个数；一按10张即每10张为一组，记一个数。

6）扇面式四指多张点钞法

这种点钞方法可以同时点6张、7张、8张甚至更多张。其开扇的方法与扇面式一按5张点钞法相同，左手持扇面，右手清点，一按6张或更多张，点数时先用拇指查点第一个6张（或更多张），然后食指沿钞票上端向前移动，接着数第二个6张（或更多张），中指、无名指依次接点第三、第四个6张（或更多张），右臂也要随各指点数轻轻向前移动。当无名指点完时，拇指则由里边迅速上去接第五个6张（或更多张），开始第二轮操作。

2. 纸币的捆扎

纸币点数完毕之后，需要对所点纸币进行捆扎。捆扎纸币时通常是100张捆扎成一把，捆扎方法分为缠绕式和扭结式两种。

缠绕式是临柜收款经常采用的捆扎方法。纸币点数完毕后，将点过的钞票100张墩齐，左手从长的方向拦腰握着钞票，使之成为瓦状。需要注意的是，瓦状的幅度影响扎钞的松紧，在捆扎中幅度不能变。右手握着牛皮纸腰条头，将其从钞票长的方向夹入钞票的中间，在离一端1/4～1/3处，从凹面开始绕钞票两圈。在翻到钞票厚度转角处时，将腰条向右折叠90°，将腰条头绕捆在钞票的腰条中转两圈打结。至此，钞票捆扎完毕。

扭结式捆扎法是考核、比赛时经常采用的方法，一般使用绵纸腰条。纸币点数完毕之后，将点过的钞票100张墩齐，左手握钞，使之成为瓦状，右手将腰条从钞票凸面放置，将两腰条头绕到凹面，左手食指、拇指分别按住腰条与钞票厚度交界处。右手拇指、食指夹住其中一端腰条头，中指、无名指夹住另一端腰条头，并合在一起，右手顺时针转180°，左手逆时针转180°，将拇指和食指夹住的那一头从腰条与钞票之间绕过，打结之后，捆扎完毕。

3. 点钞的姿势

正确的点钞姿势是身体上身要坐直，胸部稍挺，眼睛和钞票要保持一定距离，一般应保持在20～25 cm为宜，过远、过近都不好。点钞主要靠手、腕、肘、臂配合操作，所以应尽量借助于桌子来减轻腕、肘、臂部的劳动强度。如运用手指式点钞法时，将左手和肘部放在桌上，右手肘部也放在桌上，而手腕稍抬起，就比较省力。运用手持式、手按式和扇面式点钞法时，也都要注意借助桌面省力的问题。

二、硬币整点

1. 手工整点硬币

手工整点硬币的方式一般在收款时或收点硬币尾零款时使用，整点过程一般包括整理、点数、记数、包装和盖章5个环节。

1）整理

将清点后使用的包装纸平放在桌子上，右手持硬币卷的1/3处放在新的包装纸中间；左手撕开硬币包装纸的一头，用右手从左到右端压开包装纸；然后用左手食指平压硬币，右手抽出已压开的包装纸，准备点数。

2）点数

清点时，以右手拇指和食指将硬币分组清点。每次清点的枚数因个人技术熟练程度而定，可一次清点5枚或10枚，也可一次清点12枚、14枚、16枚等。为保证清点准确无误，可从中间分开查看，如一次点10枚，则可从中间分开，每边为5枚，以此类推。

3）记数

采用分组计数法，一组为一次，如一次清点10枚，清点10次记数一次，则点数即为100枚。

4）包装

清点完毕即可包装。硬币每百枚包一卷。包装时，用双手的无名指分别顶住硬币的两头，用拇指、食指、中指捏住硬币的两端，再用双手拇指把里半边的包装纸向外掀起并用食指掖在硬币底部，然后用右手掌心用力向外推卷，随后用双手的拇指、食指和中指分别把两头包装纸向中间方向折压紧贴硬币，再用拇指将后面的包装纸往前压，食指将前面的包装纸往后压，使包装纸与硬币贴紧，最后再用拇指、食指向前推币，至此包装完成。

要求包装的硬币要紧，两端不能露出硬币。

5）盖章

硬币包装完毕后，将其整齐地平放在桌面上（硬币卷竖放），卷缝的方向一致，右手拿名章，贴在右面第一卷硬币上，左手平放在各硬币卷上并向右滚动，名章随硬币卷的滚动依次盖在各卷上，使印章盖得又快又清晰。也可将成卷的硬币横放在桌面上。右手名章贴在最前面一卷的右端，用左手掌心推动硬币向前滚动，右手将名章逐一盖在硬币卷的右端。

2. 工具整点硬币

对大批硬币进行整点时一般用工具来进行。

工具整点硬币主要借助于硬币整点器（也称硬币计数器），这种硬币整点器内根据不同面值硬币的直径设计了相应的弧形槽式分币板，根据流通中硬币的平均厚度，固定了百枚硬币，也就是说每次可清点100枚硬币。它由两部分组成，一部分是定槽，另一部分是动槽。动槽可以前后移动，动槽和定槽相间均等排列，每一个槽相当于5枚硬币的厚度。当清点员按动动槽时，硬币便以5枚一组被分开，这便于点数。这种工具使用简便，携带方便，是银行清点硬币不可缺少的。

下面介绍硬币整点器的操作程序和方法。

1）拆卷

拆卷通常有两种方法：一种是阵裂拆卷法，另一种是刀划拆卷法。

（1）阵裂法拆卷是以双手的拇指、食指、中指捏住硬币的两端向下阵动，同时左手稍向里扭动，右手稍向外扭动，使包装纸裂开。再用两手的无名指顶住硬币两端，用中指、食指和拇指捏住硬币的两端（其中拇指在卷里，中指和食指在卷外），把硬币卷移到硬币整点器上，两手腕同时向里转，使硬币落入整点器槽内，然后取出包装纸准备清点。用阵裂拆卷法拆卷时注意用力要适度，不能使硬币阵散导致其掉落。

（2）刀划法拆卷是在硬币整点器的右端安装一个刀刃片，拆卷时双手的拇指、食指、中指捏住硬币的两端，由左端向右端从刀刃上划过，这样包装纸就被划开了一道口子，然后双手手腕同时向里转，使硬币进入整点器槽内，再将划开的包装纸取出，准备清点。

2）点数

硬币落入整点器内后，两手的食指、拇指和中指放在整点器两端，将整点器夹住，再用右手食指将硬币顶向左端，然后两手拇指放在整点器两边的推钮上，用力推动推钮，眼睛从左端看到右端，检查每槽是否5枚，重点检查右边的最后一个槽。准确无误后，两手松开，硬币自动回到原位。清点中如有氧化变形的硬币或伪币应随时剔出，并补充相应的硬币。

3）包装

两手的中指顶住硬币两端，拇指在卷里、食指在卷外，将硬币的两端捏住。两手向中间稍用力，从整点器内将硬币提出，将其放在准备好的包装纸中间，具体包装方法与手工整点硬币包装方法相同。

4）盖章

盖章方法同手工整点硬币盖章方法。

知识拓展

机器点钞的操作技巧

掌握机器点钞的要领，可熟记下列口诀：

认真操作争分秒，左右连贯用技巧；右手投下欲点票，左手拿出捻毕钞；

两眼查看票面跑，余光扫过记数表；顺序操作莫慌乱，环节动作要减少；

原钞腰条必须换，快速扎把应做到；维修保养经常搞，正常运转功效高。

任务三 鉴别钞票

任务导入

景区的售票窗口里面坐着一位售票员。我和同学想要购票，但是没有零钱，于是就给了售票员一张50元。售票员接过钱，摸了一摸，看了我一眼，随后便把那张50元又递了出来，并说道："这钱是假的，请你换一张！"

景区售票人员凭什么怀疑我的钱是假的，摸一下就能确定这是假币吗？

本节内容

一、人民币的防伪特征

从中华人民共和国成立至今，我国共设计印制了5套人民币。目前流通中常用的是第4套和第5套人民币。下面重点介绍这两套人民币的防伪特征。

1. 第4套人民币的防伪特征

1）1980年版第4套人民币的防伪特征

100元：使用毛泽东浮雕侧面的头像水印纸印制，票幅165 mm×77 mm，主色调为蓝黑色，正面中央主景是多色图案衬托的毛泽东、周恩来、刘少奇、朱德浮雕侧面头像，左上方印有"中国人民银行"字样，左下角和右上角分别印有"100"字样，右下角是面值

"壹佰元"字样和盲文面值符号以及冠字号码。背面中央主景是井冈山主峰，上方是"中国人民银行"的汉语拼音，下方印有"1980"字样；左上角以古典图案托出中华人民共和国国徽，国徽下面印有汉语拼音书写的面值，左下角和右下角分别印有"100"字样，右下角印有蒙古族、藏族、维吾尔族、壮族4种民族文字书写的"中国人民银行"字样和面值的汉语拼音。

50元：使用工人头像水印纸印制，票幅160 mm×77 mm，主色调为茶黑色，正面主景是工人、农民、知识分子头像，左上方印有"中国人民银行"字样，左下角和右下角分别印有"50"字样，右下角印有"伍拾圆"字样以及盲文面值符号"50"和冠字号码。背面中央主景是黄河壶口瀑布，上方印有"中国人民银行"的汉语拼音，下方印有"1980"字样；左上印有中华人民共和国国徽，国徽下面印有汉语拼音书写的面值，左下角和右上角分别印有"50"字样；右下角印有蒙古族、藏族、维吾尔族、壮族4种民族文字书写的"中国人民银行"字样。

10元：使用农民头像水印纸印制，票幅155 mm×70 mm，主色调为黑蓝色。正面右侧主景是汉族、蒙古族人物头像，中间偏左是多色图案衬托的面值"拾圆"字样，左侧上方印有"中国人民银行"字样，左上角印有中华人民共和国国徽，右上角、右下角、左角上方印有"10"字样，左下角"10"上方印有盲文面值符号。背面中央主景是珠穆朗玛峰，上方是"中国人民银行"的汉语拼音，下方印有蒙古族、藏族、维吾尔族、壮族4种民族文字书写的"中国人民银行"字样和面值的汉语拼音，右上角、左上角、左下角分别印有"10"字样，右下角印有"1980"字样。

5元：使用满版古钱水印纸印制，票幅150 mm×70 mm，主色调为棕色。正面主景是满族、回族人物头像，中间偏左是多色图案衬托的面值"伍圆"字样，左侧上方印有"中国人民银行"字样，左上角是中华人民共和国国徽，右上角、右下角、左下角分别印有"5"字样，左下角"5"上方印有盲文面值符号。背面中央主景是长江巫峡，上方是"中国人民银行"的汉语拼音，下方印有蒙古族、藏族、维吾尔族、壮族4种文字书写的"中国人民银行"字样和面值的汉语拼音，右下角印有"1980"字样。

2元：使用满版古钱水印纸印制，票幅145 mm×63 mm，主色调为深绿色。正面右侧主景是维吾尔族、彝族人物头像，中间偏左在多色图案衬托下印有"贰元"字样，左侧上方印有"中国人民银行"字样，左上角印有中华人民共和国国徽，左下角印有盲文面值符号和"2"字样。背面中央主景是南海南天一柱，上、下方分别印有"中国人民银行"字样和面值的汉语拼音，下方还印有蒙古族、藏族、维吾尔族、壮族4种民族文字书写的"中国人民银行"字样，右上角、左上角分别印有"2"字样，右下角印有"1980"字样。

1元：使用满版古钱水印纸印制，票幅140 mm×63 mm，主色调为深红色。正面右侧主景是瑶族、侗族人物头像，中间偏左是多彩图案衬托的"壹圆"字样，左侧上方印有"中国人民银行"字样，左上角印有中华人民共和国国徽，左下角印有盲文面值符号和"1"字样。背面中央主景是长城，上、下方分别印有"中国人民银行"和面值的汉语拼音，下方还印有蒙古族、藏族、维吾尔族、壮族4种民族文字书写的"中国人民银行"字样。右上角、左上角分别印有"1"字样，右下角印有"1980"字样。

2）1990年版第4套人民币的防伪特征

100元：同1980年版100元券相比较，1990年版的100元券在其右侧加了金属安全线；正面左侧、右侧有无色荧光油墨面值，用紫外线灯管透射可以看出面值数字。

50 元：同 1980 年版 50 元券相比较，1990 年版的 50 元券在其右侧加了金属安全线；正面左侧、右侧有无色荧光油墨面值，用紫外线灯管透射可以看出面值数字。

2 元：同 1980 年版相比，总体设计不变，局部有调整：一是正面平面凹印（1980 年版 2 元为双面凹印）；二是背面装饰图案中原粉红色线条改为紫色线条；三是印刷年份为 1990。

1 元：同 1980 年版相比，总体设计不变，局部有调整：由双面凹印改为正面单印；中间部位，假金色底纹代替了原来的黄色和橘黄色底纹；两侧部位，大红色底纹代替了原来的大红色和黄色底纹；背面，橘黄色代替了假金色；印制年份为 1990；正面橘红梅花在紫外灯下，有明显的荧光反应。

2. 第 5 套人民币的防伪特征

第 5 套人民币采用"一次公布，分次发行"的方式，从 1999 年 10 月 1 日开始发行，至 2004 年 7 月 30 日，共发行了 100 元、50 元、20 元、10 元、5 元、1 元 6 种纸币和 1 元、5 角、1 角 3 种硬币，提高了印刷工艺和防伪技术水平。经国务院批准，中国人民银行于 2005 年 8 月 31 日发行了 2005 年版 100 元、50 元、20 元、10 元、5 元纸币和 1 角钢白色不锈钢材质硬币，一起构成第 5 套人民币。其防伪特征主要体现在以下几个方面。

(1) 水印。第 5 套人民币中的 100 元和 50 元为毛泽东头像固定水印，20 元为荷花固定水印，10 元为玫瑰花，5 元为水仙花，1 元为兰花。

(2) 红、蓝彩色纤维。在 1999 版第 5 套人民币的 100 元、50 元、20 元、10 元、5 元的票面上，可看到纸张中有红色和蓝色纤维。2005 版取消了此措施。

(3) 安全性。1999 版第 5 套人民币的 100 元、50 元为磁性微文字安全线；20 元为明暗相间的磁性安全线；10 元、5 元为正面开窗全息安全线。2005 版第 5 套人民币为全息开窗安全线，50 元和 100 元的窗开在背面，20 元、10 元、5 元的窗开在正面。

(4) 手工雕刻头像。第 5 套人民币各面值纸币的正面主景为毛泽东头像，其均采用手工雕刻凹版印刷工艺，形象逼真、传神，凹凸感强。

(5) 隐形面额数字。第 5 套人民币各面值纸币右上方有一装饰图案，将票面置于与眼睛接近平行的位置，面对光源平面旋转 45°或 90°，可看到面额数字字样。

(6) 光变面额数字。第 5 套人民币的 100 元正面左下方用新型油墨印刷了面额数字"100"，沿着与票面垂直的方向观察时，其为绿色，而倾斜一定角度观察时，其变为蓝色。50 元则可由绿色变成红色。20 元以下面额纸币无此特征。

(7) 阴阳互补对印图案。第 5 套人民币的 100 元正面左下角和背面右下方各有一圆形局部图案。通光观察，发现正背图案组成一个完整的古钱币图案。

(8) 雕刻凹版印刷：第 5 套人民币中国人民银行行名、面额数字、盲文面额标记等均采用雕刻凹版印刷，用手指触摸时有明显的凹凸感。

(9) 号码（凹印）。第 5 套人民币的 100 元和 50 元为横竖双号码，横号为黑色，竖号为蓝色；其余面额为双色横号码，号码左半部分为红色，右半部分为黑色。

(10) 胶印缩微文字。第 5 套人民币的 100 元、50 元、20 元、10 元等面额纸币印有胶印缩微文字"RMB100""RMB50""RMB20""RMB10""RMB5"等字样，大多隐藏在花饰中。

（11）专用纸张。第5套人民币采用特种原料，由专用钞造设备钞制的印钞专用纸张印制，在紫外光下无荧光反应。较新的纸币在抖动时，会发出清脆的响声。

（12）变色荧光纤维。对于第5套人民币，在特定波长的紫外光下可以看出纸张中随机分布着黄色和蓝色荧光纤维。

（13）无色荧光图案。对于第5套人民币，在特定波长的紫外光下可以看到面额数字字样，该图案采用无色荧光油墨印制，可供机读。

（14）有色荧光图案。第5套人民币的100元背面主景上方椭圆形图案中红色纹线，在特定波长的紫外光下显现明亮的橘黄色；20元背面的中间在特定波长的紫外光下显现绿色荧光图案。

（15）胶印接线印刷。第5套人民币的100元正面左侧的中国传统图案是用胶印接线技术印刷的，每根线均由两种以上的颜色组成。

（16）凹印接线印刷。第5套人民币背面面额数字和正面左侧面额数字均是采用凹印接线技术印刷的，两种墨色对接自然完成。

（17）凹印缩微文字。第5套人民币的100元、20元在正面右上方装饰图案中印有凹印缩微文字，在放大镜下，可看到"RMB100""RMB20"等与面值对应的字样。背面左下角最大的面额数字中间，布满了小的白色面额数字。其右方的数字平行线，上边几条由连续的"RMB"组成，最下面一条由连续的"人民币"字样组成。

（18）磁性号码。第5套人民币的100元、50元的黑色横号码和20元、10元、5元的黑色号码，如果我们用特定的检测仪检测，则可发现其均有磁性，可供机读。

二、鉴别人民币的基本方法

鉴别人民币的基本方法主要有感观鉴别法和仪器鉴别法两种。

1. 感观鉴别法

感观鉴别法主要是通过看、摸、听、量等方法来鉴别钞票的真伪。

（1）看。即观察票上是否具备一线防伪措施，如水印、安全线是否存在。即使有水印，也不一定是真币，我们仍然需要继续观察，真币水印透视图案清晰，层次分明，立体效果强；假币则无上述特征。

（2）摸。假币用纸往往不是专门的钞纸，厚度大，绵软，挺度和坚韧度差；真币使用的是特殊纸张，挺拓耐折。假币一般不是雕刻凹版印刷，没有凹凸感；而真币则采用了凹版印刷，有凹凸感。

（3）听。抖动钞票听其声音，真钞发出清脆的声音，假钞的声音发闷。

（4）量。以真币为标准，与相应的可疑图案对照比较。注意钞票规格尺寸是否符合标准、钞票边缘是否整齐等。

2. 仪器鉴别法

仪器鉴别法主要是通过各种鉴别钞票的仪器来鉴别钞票的真伪。目前常用的鉴别钞票真伪的仪器主要有以下几种。

（1）紫光灯。可以用紫光灯看钞票纸是否有荧光反应。

(2) 磁性仪。磁性仪用来测定钞票是否有磁性。

(3) 放大镜。可结合人民币的特征，用放大镜仔细核对识别。

3. 伪造币的鉴别

伪造币是依照人民币真钞的用纸、图案、水印、安全线等的原样，运用各种材料、器具、设备、技术手段模仿制造的人民币假钞。伪造币的仿制手段有手工、机制、拓印、复印等。各种伪造币及其特点如下。

(1) 手绘假钞。

手绘假钞是按照真钞的样子临摹仿绘的，一般质量比较粗劣，但在过去是比较常见的一种假钞。它的特点是使用普通的胶版纸或书写纸，颜色则是一般的绘画颜料或广告色，看起来笔调粗细不均，颜色和图纹与真币差异较大。这类假钞较易识别，但老人、小孩较易受骗。

(2) 蜡印假钞。

蜡印假钞是手工刻制蜡纸版油印的假钞。制作方法：一般是在蜡纸上按照真币的样子刻制图纹蜡版，再用黑白油墨印在纸上，然后在图纹上着色；也有的是用彩色油墨印刷。它的特点是：刻制蜡版时的手法有轻有重，导致蜡版漏墨多少不一样，结果颜色深浅不一，很不协调，漏墨过多的地方还出现油侵现象；且蜡纸比较柔软，印制中容易使图纹变形。所以，这类假钞较易识别。

(3) 石印假钞。

石印假钞是用石版和石印机印制的假钞。制作方法：在石板上通过手工或用机器雕刻制成印版，然后在小型机具上印制。这类假钞的质量虽比上述两类假钞的好一些，但印制效果仍较粗劣。因为石板较硬，所以容易出现油墨外溢或油浸现象。并且印版表面不平整，使得印出的图纹虚虚实实、深浅不一，画面不协调。由于印版刻制不精确，套色印刷也不可能十分准确，于是出现了重叠、错位、漏白等问题。所以，对这类假钞的识别也比较容易。

(4) 手刻凸版假钞。

手刻凸版假钞是木制印版印制的假钞。制作方法：用木板作为基料，采取手工雕刻的方法制成凸版的印版，在小型机具上印制。它的特点也是质量粗劣。由于木板有天然的木质纹路，纹路之处与非纹路之处吃墨程度不一样，所以印出的图纹往往也有深有浅，套色也不准确，存在重叠、错位等现象。所以，这类假钞也较易识别。

(5) 拓印假钞。

拓印假钞是用真币拓印的假钞。制作方法：以真币为基础，用某种化学药品使真币上的图纹油墨脱离一部分，拓印到另外的纸上，从而形成假钞。这种假钞又叫作拓印币。它的图案、花纹等和真币的完全一样，无懈可击，但由于它只得到真币上的一部分油墨，因此墨色较浅，画面形态显得单薄清秀，给人一种膜脆的感觉。真币被拓印后也遭到一定损坏，有的颜色变浅或图纹模糊不清，又叫作被拓印币。被拓印币虽是真币形成的，但它的背后必定有拓印假币，因此更值得注意。

(6) 复印合成假钞。

复印合成假钞是利用黑白复印机制作的假钞。制作方法：先将真币在复印机上复印出黑白图案花纹，再用彩色套印的方法合成钞票样的假钞。这种假钞的印制效果比上述各种假钞的要精细些，但在人民币的各种防伪措施面前，它的仿制还是显得力不从心，特别是在纸张、油墨等方面，其难以乱真，通过一定方法即可鉴别。

（7）机制假钞。

机制假钞是利用特制的机器设备伪造的假钞。制作方法：用手工或机器雕刻制版，或利用照相、电子扫描分色制版，在中小型印刷机上印刷。机制假钞又有机制胶印假钞和机制凹印假钞之分。这类假钞仿造的效果逼真，一次印制的数量也比较多，易于扩散，危害较大。虽然它采用了较高级的设备和真币的个别印制技术，容易以假乱真，但它不可能使用人民币的全部防伪技术，总还是存在种种漏洞和伪造的痕迹，通过一定的方法仍能予以鉴别。

（8）彩色复印假钞。

彩色复印假钞是利用彩色复印设备伪造的假钞。这种假钞的制作，需要比较高级的彩色复印设备，一般的伪造者是无法拥有的。彩色复印在图纹、图景方面也容易做到逼真，但在纸张、油墨、凹印等方面与真币有明显区别，通过一定的仪器或高倍显微镜就可以看出它的破绽。

（9）照相假钞。

照相假钞是利用真币照版制作的假钞。它是通过对真币进行拍摄，冲洗成照片，再经过剪贴而制作成的。这种假钞的纸张厚脆，易于折断，并且假钞表面有光泽，与真币截然不同，较易识别。

（10）剪贴假钞。

剪贴假钞是剪贴真币图片库制成的假钞。制作方法：将报纸、刊物或画册上印的人民币图片剪下来，正面和背面黏合起来。这种假钞与真币的差别很大，报刊图片的纸薄而绵软，画册图片的纸厚而脆硬，并且币面的颜色和大小都不一样，很易识别。

4. 变造币的鉴别

变造币是利用各种方法，对人民币真钞进行加工处理，改变其原有形态，并使其升值的人民币假钞。变造币的加工方法有涂改、挖补剪贴、剥离揭页等。各种变造币及其特点如下。

（1）涂改币。

涂改币是将真币票面金额用化学药剂涂掉，再用油墨或颜料加以涂改，使其面额增大的假钞。这种变造币的涂改部分在颜色、花纹等方面和真币有明显区别，其破绽是较易识别的。

（2）剪贴币。

剪贴币是将真币剪贴拼凑成局部缺位，由5张拼成6张，或8张拼成10张；也有的是将票面金额部分进行挖补，使其面额增值。这种变造币，其拼凑、挖补部分的图案、花纹、线条不能完全对接准确，有时对接的花纹、线条是不一样的，因此，只要留心注意，就可以发现问题。

（3）揭页币。

揭页币是将真币的纸层揭开，一分为二，再用其他纸张粘贴于背后的单面假钞。这种变造币，虽然其图案、花纹等都和真币的一样，但它另外一面是空白的，只能掺在众多的真币当中，滥竽充数，蒙混过关。因此，在清点大批量钞票时应注意这类假钞。

5．损伤、残缺人民币的挑剔

1）损伤人民币

损伤人民币是指人民币在流通中因自然磨损、保管不善等其他原因引起的损坏了其票面完整性的票币，如纸币破裂、油浸熏焦、水湿、污染变色、虫蛀、鼠咬、霉烂、火烧等，出现严重磨损、破缺、变形等。损伤人民币的挑剔标准如下。

（1）票面缺少的部分伤及行名、花边、字头、号码、国徽之一的。

（2）票面裂口超过纸幅1/3或损及花边、图案的。

（3）纸质较旧，四周或中间有裂缝或票面断开又粘补的。

（4）由于油浸、墨渍造成票面肮脏的面积较大，或涂写字迹过多，妨碍票面整洁的。

（5）票面变色严重、影响图案清晰的。

（6）硬币残缺、穿孔、变形、磨损、氧化腐蚀损坏部分花纹的。

中国人民银行于2003年12月1日公布的《不宜流通人民币的流通挑剔标准》中，规定了5种损伤人民币不宜在市场流通，持有者可就近在商业银行以旧换新。这5种不宜流通的人民币如下。

（1）纸币缺少面积在20 mm^{2}以上的。

（2）纸币票面裂口两处以上、长度每处超过5 mm，裂口1处、长度超过10 mm的。

（3）纸质票面有纸质较绵软，起皱较明显，脱色、变色、变形，不能保持票面防伪功能等情形之一的。

（4）纸币票面污渍、涂写字迹面积超过2 cm^{2}的，或者不超过2 cm^{2}但遮盖了防伪特征之一的。

（5）硬币有穿孔，裂口，变形，磨损，氧化，文字、面额数字、图案模糊不清等情形之一的。

该标准于2004年1月1日起执行，之前实行的《损伤人民币挑剔标准》和《"七成新"纸币的基本标准》同时被废止。

2）残缺人民币

残缺人民币是指有的人民币由于某种原因明显缺少了一部分的票币。表2－1所示为残缺人民币的兑换情况。

表2－1 残缺人民币的兑换情况

兑换情况	货币情况
全额兑换	票面残缺部分不超过1/5，其余部分的图案、文字能照原样连接
全额兑换	票面污损、熏焦、水湿、油浸、变色但能辨别真假，票面完整或残缺不超过1/5，票面其余部分的图案、文字能照原样连接
半额兑换	票面残缺1/5以上至1/2，其余部分的图案、文字能照原样连接
不予兑换	票面残缺1/2以上
不予兑换	票面污损、熏焦、水湿、油浸、变色，不能辨别真假
不予兑换	故意挖补、涂改、剪贴、拼凑、揭去一面

任务四 保险柜的使用

任务导入

保险柜是一种特殊的容器，根据功能主要分为防火保险柜、防盗保险柜、防磁保险柜和防火防磁保险柜等。每一种保险柜都有其国家标准，市面上的保险柜多为前两种。

本节内容

一、保险柜的使用

为了保证财产的安全和完整，各单位应配备专用保险柜，专门用于库存现金、各种有价证券、银行票据、印章、其他出纳票据等的保管。各单位应加强对保险柜的使用管理，制定保险柜使用方法，并要求有关人员严格执行。

保险柜一般由总会计师或财务处（科、股）长授权，由出纳人员负责管理使用。每日终了后，出纳人员应将其使用的空白支票（包括现金支票和转账支票）、银钱收据、印章等放入保险柜内。

二、保险柜的日常管理

1. 保险柜的存放

保险柜应放置在隐蔽、干燥之处，注意通风、防湿、防潮、防虫和防鼠；保险柜外要经常擦抹干净，保险柜内财物应保持整洁卫生、存放整齐。一旦保险柜发生故障，应到公安机关指定的维修点进行修理，以防泄密或失盗。

2. 钥匙管理

保险柜一般应配备两把钥匙，一把由出纳人员保管，供出纳人员日常工作开启使用；另一把交由保卫部门封存，或由单位总会计师或财务处（科、股）长负责保管，以备特殊情况下经有关部门领导批准后开启使用。出纳人员不能将保险柜钥匙交由他人代为保管。

3. 保险柜的开启

保险柜只能由出纳人员开启使用，非出纳人员不得开启保险柜。如果单位总会计师或财务处（科、股）长需要对出纳人员工作进行检查，如检查库存现金限额、核对实际库存现金数额，或有其他特殊情况需要开启保险柜，则应按规定的程序由总会计师或财务处（科、股）长开启，在一般情况下不得任意开启由出纳人员掌管使用的保险柜。

4. 财务的密码

出纳人员应将自己保管使用的保险柜密码严格保密，不得向他人泄露，以防为他人所利用。出纳人员调动岗位，新的出纳人员应更换旧密码，使用新密码。

5. 特殊情况处理

如果保险柜被盗，出纳人员发现后则应保护好现场，迅速报告公安机关（或保卫部门），待公安机关勘查现场时才能清理财物被盗情况。节假日满两天以上或出纳人员离开两天以上没有派人代其工作的，应在保险柜锁孔处贴上封条，出纳人员到位工作时揭封。如发现封条被撕掉或锁孔处被弄坏，则应迅速向公安机关或保卫部门报告，以使公安机关或保卫部门及时查清情况，防止不法分子进一步作案。

知识拓展

防盗保险柜的种类

依据不同的密码工作原理，防盗保险柜可分为机械保险柜和电子保险柜两种。防盗保险柜的特点是价格比较便宜，性能比较可靠，早期的保险柜大部分都是机械保险柜。电子保险柜是将电子密码、IC卡等智能控制方式的电子锁应用到保险柜中，其特点是使用方便，特别是在宾馆中使用时，需经常更换密码，因此使用电子密码保险柜，就比较方便。

练 习 题

一、用正确的方法大写下列金额数字

139 708.67

10 087 625.03

65 320.11

705 832.00

972 000.09

二、实务操作

1. 请在下列表中正确书写小写数码字（表2-2）。

表2-2 实务操作表

三、手工点钞练习

要求学生持点钞券,进行各种点钞指法的练习,达标标准如表2-3所示。

表2-3 达标标准

点钞方法	等级	三分钟张数/张	百张所用时间/s
单指单张	1	>700	22 以下
单指单张	2	600~699	24 以下
单指单张	3	500~599	26 以下
扇面	1	>1 000	16 以下
扇面	2	800~999	20 以下
扇面	3	700~799	22 以下
多指多张	1	>1 000	17 以下
多指多张	2	800~999	20 以下
多指多张	3	700~799	22 以下

项目三
库存现金管理

知识目标
△ 熟悉现金管理的主要规定；
△ 掌握现金收支业务的处理程序及账务处理；
△ 掌握现金存取业务的处理程序及账务处理；
△ 掌握现金盘点业务的处理程序及账务处理。

能力目标
△ 能准确计算库存现金金额；
△ 能准确填写收款收据；
△ 能准确审核借款单；
△ 能准确填写现金支票使用登记簿；
△ 能准确填写现金支票；
△ 能准确盘点现金；
△ 能准确填写现金盘点报告表。

任务一 现金认知

任务导入

日照德信有限公司 2016 年 1 月 10 日，发生了以下业务：

出纳人员收到货款 800 元现金，同时，办公室人员来报销差旅费 800 元，出纳人员将刚收到的 800 元支付给办公室人员。

出纳人员的做法正确吗？

本节内容

一、现金的定义

现金是指存放在企业财会部门、由出纳人员经管的货币，它主要用于企业的日常零星开支。

现金的概念有狭义和广义之分。狭义的现金仅指企业的库存现金；广义的现金除了库存现金外，还包括可以随时支付的银行存款、其他货币资金以及现金等价物。在大多数国家，现金是一种广义的概念；在我国，现金是一种狭义的概念。

二、现金管理规定

1. 根据《现金管理暂行条例》，现金管理有 7 项基本原则

1）开户单位库存现金一律实行限额管理

一般来说，库存现金限额是指各单位为保证日常零星支付按规定允许留存的现金的最高数额。《现金管理暂行条例》要求，凡是在银行开户的独立核算单位，都要核定库存现金限额。附属单位如果未在银行开立账户，但需要保留现金做日常支付的，也需要核定库存现金，其库存现金限额可包括在上级单位限额之内。

2）禁止开户单位擅自坐支现金

坐支现金，是指企事业单位和机关团体将本单位的现金收入直接用于现金支出。根据《现金管理暂行条例》的规定，开户单位支付现金，可以从本单位的现金库存中支付，或者从开户银行提取，但不得从本单位的现金收入中直接支出，即本单位不可坐支现金。开户单位坐支现金会使银行无法准确掌握其现金的收入来源和支出用途，干扰开户银行对开户单位现金收付的管理，扰乱国家金融秩序。因此，各单位严禁坐支现金。坐支现金是违反财经纪律的行为，会受到财经纪律的处罚。开户单位收入和支出应该要做到两条线操作，收到的现金要存入银行，支出的现金要从日常备用金中支出，这样做才符合现金管理的规定，保证开户单位现金管理的收支清晰。

3）开户单位收入的现金不准作为储蓄存款

开户单位收入的现金是用作日常运营活动的，不能作为储蓄存款，不能以赚取利息为目的。

4）开户单位收入的现金应及时送存银行

一般来说，开户单位当天收入的现金应于当天送存到开户银行中去。但是对于有特殊情况，当天送存有困难的开户单位来说，应由开户银行确定具体的送存时间。

5）开户单位应该严格按照国家规定的开支范围使用现金

根据《现金管理暂行条例》的规定，开户单位可以在下列范围内使用现金：

（1）职工工资、津贴。

（2）个人劳务报酬。

（3）根据国家规定颁发给个人的科学技术、文化艺术、体育等各种奖金。

（4）各种劳保、福利费用，以及国家规定的对个人的其他支出。

（5）向个人收购农副产品和其他物资的价款。

（6）出差人员必须随身携带的差旅费。

（7）结算起点（人民币 1 000 元）以下的零星支出。

（8）中国人民银行确定的需要支付现金的其他支出。

6）不准编造用途，套取现金

开户单位在国家规定的现金使用范围和限额内需要现金时，应从开户银行提取。提取时要写明现金用途，不得编造用途套取现金。

7）单位之间不得发生相互借用现金的情况

单位内的现金只能在本单位内部支付，不得借用其他单位现金支付本单位款项。

出纳人员在日常的现金使用中要严格地遵守现金管理的七项基本原则。

2. 现金管理的"八不准"事项

除了现金管理的七项基本原则，《现金管理暂行条例》还规定了现金管理中的"八不准"事项，具体如下：

（1）不准用不符合财务制度的凭证顶替库存现金。

（2）不准单位之间相互借用现金。

（3）不准谎报用途套取现金。

（4）不准利用银行账户代其他单位和个人存入或支取现金。

（5）不准将单位收入的现金以个人名义存入储蓄。

（6）不准保留账外公款，即单位小金库。

（7）不准发行变相货币。

（8）不准以任何票券代替人民币在市场上流通。

开户单位如有违反现金管理"八不准"事项中任何一种情况的，按照《现金管理暂行条例》的规定，开户银行有权责令其停止违法活动，并根据情节轻重给予警告或罚款。出纳人员在日常业务处理中应牢记现金管理的七项基本原则和"八不准"事项。

任务二 现金收入

任务导入

日照德信有限公司 2016 年 1 月 21 日，发生了以下业务：

业务员李斯退回预借的多余差旅费，现金 200 元。对于这笔现金收入业务，出纳人员应该如何处理呢？

本节内容

一、现金收入概述

企业单位的现金收入主要来源于商品的销售收入、各种业务收入以及其他的零星收入。现金收入管理，就是要求各单位检查其现金收入是否合法，并且应做到将每天现金结算收入送存银行，需要现金支出时再从银行支取，不得随意坐支现金。此外，为加强现金收入管理，出纳人员应定期编制《现金收入报表》，反映企业的现金收入情况。

二、现金收入原则

1. "桌面清"原则

"桌面清"原则，就是所谓的"当面点清，离柜不认"的原则。现金离开出纳人员的桌面后，原则上出纳对已收入或已支出的现金无须再负任何责任。但是，如果当事人离开出纳部门后发现款项有误而返回出纳岗位查询时，那么出纳人员应该在坚持制度的前提下，认真清理库存现金。如果确属于出纳人员的失误，则应对当事人提领或交付的现金按多退少补的原则进行处理。否则，出纳人员应向当事人员耐心解释，避免纠纷。

2. "唱收"原则

"唱收"原则是指出纳人员向付款人收取现金时，要当面说出所收现金的金额。如出纳人员收到付款人所支付的款项 100 元，则出纳人员应该对付款人说"收您 100 元"。这个做法可以使出纳人员与付款人再次确定所收金额，避免出现差错。

3. “一笔一清”原则

“一笔一清”原则是指出纳人员在清点资金时，要清点完一笔后再清点另一笔，按顺序逐笔处理，避免混淆不同单位、不同用途的现金，以防发生错误。如果有同时办理两笔以上现金业务的情况，则应按顺序排队逐笔处理，不能一笔业务没结束就开始下一笔业务。一笔款项办理妥当前，出纳人员不能随意离开岗位。当出纳人员需要离开岗位时，应将各种印鉴、重要单证和现金锁入保险柜内，要养成“人在岗，章、证、款在；人离岗，章、证、款锁”的良好职业习惯。

4. “复点”原则

“复点”原则就是在收入现金时，换其他人员再核对一遍应收的现金，防止有错款事故的发生。双人复点可以使两方互相监督、互相检查。如果业务发生时，现场只有一名出纳人员，那么出纳人员本人应清点两遍以上，而且要将会计凭证与收入现金的数额反复核对，确认完全一致后才能照收现金。如果在收款业务中发现数额有误，那么出纳人员应该立即向当事人说明情况。双方当场复核证实后多退少补。为了保证现金收款金额的准确无误，出纳人员必须坚持“复点”原则。

三、现金收入的账务处理

第一，出纳人员要审核现金收入来源及有关原始凭证，确保现金收入的金额与原始凭证保持一致。

第二，出纳人员要清点现金并且复点收款后，妥善保管收到的现金。

第三，出纳人员要出具收款收据，并加盖“现金收讫”印章；或者，出纳人员可以在审核无误的销售发票上加盖“现金收讫”印章。

第四，出纳人员需要根据收款后的原始凭证编制现金收款记账凭证。

第五，出纳人员应根据现金收款记账凭证登记现金日记账。

只有完成并检查了这 5 个步骤，出纳人员才完成了现金收入的全部账务处理工作。

任务解析

日照德信公司 2016 年 1 月 21 日，发生了以下业务：

业务员李斯退回预借的多余差旅费，现金 200 元。现在你知道出纳人员应该如何处理这笔业务了吗？

请根据以上业务填写图 3－1 和图 3－2 所示的两个表格。

收 款 收 据　　NO.00490021

年　月　日

今 收 到 ______

交 来： ______

金额（大写） 佰 拾 万 仟 佰 拾 元 角 分

¥ ______ □现金 □支票 □信用卡 □其他　收款单位（盖章）

第一联 存根

核准　会计　记账　出纳　经手人

图 3－1　现金收款收据样式

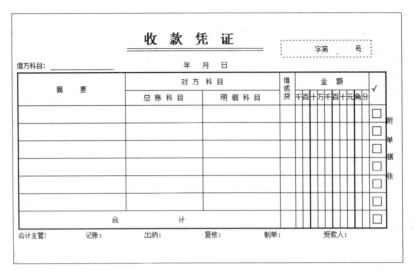

图 3-2 现金收款凭证样式

任务三 现金支付

任务导入

日照德信有限公司 2016 年 1 月 22 日，发生了以下业务：

业务员张明出差，需预借差旅费 2 000 元。对于这笔现金支出业务，出纳人员应该如何处理呢？

本节内容

一、现金支付概述

现金支付的 5 项原则

（1）现金的支付必须以真实、合法、有准确的付款凭证作为支付依据。

（2）必须要以谨慎、严肃的态度来处理现金支付业务。出纳人员不能疏忽大意。

（3）必须以手续完备、审核无误的付款凭证为最终付款依据。如果没有付款凭证，则不能付款。

(4) 出纳人员在进行现金支付时，应做到当面点清，收付双方必须确认无误。

(5) 出纳人员不得以任何方式套取现金用于支付。

套取现金是指逃避现金审查，采用不正当手段支取现金的违法行为。套取现金的方式一般有以下几种：

①编造合理用途或以支取差旅费、备用金的名义支取现金。
②利用私人或其他单位的账户支取现金。
③将公款转存到个人储蓄账户支取现金。
④用转账方式通过银行、邮局汇兑，异地支取现金。
⑤用转账凭证换取现金。
⑥虚报冒领工资、资金和津贴补助。

出纳人员在处理现金支付业务时，需严格遵守现金支出的5项基本原则。

二、现金支付的基本方式

一般来说，现金支付有两种基本方式。

1. 直接支付现金的方式

直接支付现金的方式是指出纳人员根据有关支出凭证直接支付现金，减少库存现金的数量。使用直接支付现金的方式支付现金时，出纳部门或人员要事先做好现金储备，在不超过库存现金限额的情况下，保障现金的支付。

2. 支付现金支票的方式

支付现金支票的方式是指出纳人员根据审核无误的凭证，将填好的现金支票交给收款人，由收款人直接到开户银行提取现金的支付方式。支付现金支票主要适用于大宗的现金付款业务。

三、现金支付的账务处理

现金支付业务的账务处理一般要经过以下5个步骤：

(1) 出纳人员审核付款使用的原始凭证及报销人员填制的并经领导批准的报销单。审核无误后进行现金支付。

(2) 出纳人员取出现金并清点，在进行复点后支付现金。

(3) 出纳人员需在审核无误的原始凭证上加盖"现金付讫"印章。

(4) 出纳人员根据付款后的原始凭证编制现金付款记账凭证。

(5) 根据现金付款记账凭证登记现金日记账。

只有完成并检查了这5个步骤，出纳人员才完成了现金支出业务的账务处理工作。

任务解析

日照德信有限公司2016年1月22日，发生了以下业务：

业务员张明出差，需预借差旅费2 000元。现在你知道出纳人员应该如何处理这笔业务了吗？

请根据这个案例填写图 3－3 和图 3－4 所示的表格。

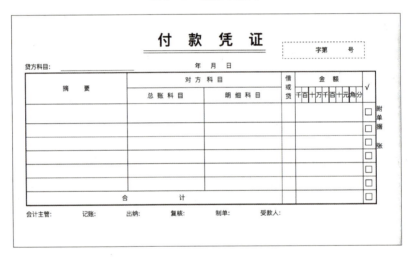

借 款 单

年 月 日 第 号

借款部门		姓名		事由	
借款金额（大写）	万 仟 佰 拾 元 角 分 ￥				
部门负责人签章		借款人签章		注意事项	一、凡借用公款必须使用本单 二、出差返回后三天内结算
单位领导批示		财务经理审核意见			

图 3－3　借款单样式

付 款 凭 证

字第 号

贷方科目：

年 月 日

摘　要	对方科目		借或贷	金额	√
	总账科目	明细科目		千 百 十 万 千 百 十 元 角 分	
					□
					□
					□
					□
					□
					□
合　计					□

附单据　张

会计主管：　记账：　出纳：　复核：　制单：　受款人：

图 3－4　现金付款凭证样式

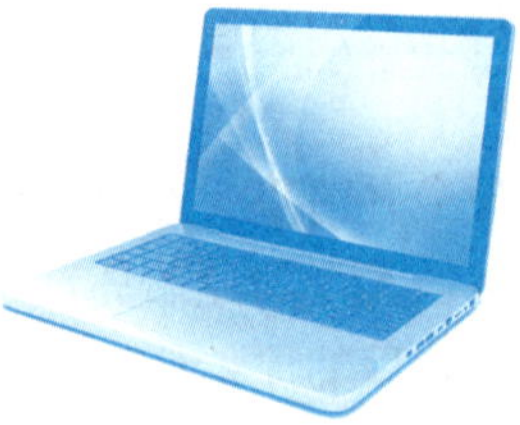

任务四　现金存取

任务导入

日照德信有限公司 2016 年 1 月 22 日，发生了两笔业务。

（1）出纳人员李磊提取备用金 6 000 元。

（2）下班前，出纳人员李磊将当日多余库存现金 2 000 元交存银行。

对于这两笔业务，出纳人员应该如何处理呢？

本节内容

一、现金存入

（一）现金收入的来源

一般来说，单位日常现金收入的主要来源包括：

（1）从银行提取现金。

（2）收回剩余差旅费和归还备用金等款项。

（3）收取的个人或不能转账的集体单位以及不足转账金额起点（1 000 元）的小额零星销售收入。

（二）现金存入的流程

各单位对当天收入的现金或超过库存限额的现金，应及时送存开户银行。去银行存入现金之前，出纳人员要采取一定的安全保证措施，保证现金及人身安全，携带现金出门时尽量保证现金不外露，送存大量现金时要申请其他人陪同。

现金存入的一般流程如下：

1. 整点票币

纸币要平铺整齐，每百张为一把，每十把为一捆，以此类推，用纸条在腰中捆扎好，余下的为零头；硬币每百枚或五十枚为一卷，十卷为一捆，不足一卷为零头；最后合计出需要存款的金额。

2. 填写现金存款凭条

出纳人员在填写现金存款凭条时要注意：要用双面复写纸复写，交款日期必须填写交款的当日，交款人名称应填写全称，款项来源要如实填写，大小写金额的书写要标准，券别和数额栏按实际交款时各种券面的张数或卷数填写。

3. 送存银行

向银行提交存款凭条和整点好的票币时，票币要一次性交清，当面清点。如有差异，则应当面复核。

4. 收回现金存款凭条

开户银行受理后，在现金存款凭条上加盖"现金收讫"和银行印鉴后退回交款人一联，表示款项已收妥。出纳人员要收好银行回单避免丢失。

5. 编制记账凭证

根据银行退回盖有"现金收讫"和银行印鉴的现金存款凭条，编制记账凭证。

6. 登记账簿

根据记账凭证登记现金日记账。

二、现金提取

(一) 现金提取的目的

单位从银行提取现金是为了满足日常零星开支的需要，一般包括发放工资，补足库存现金限额等业务。

(二) 现金提取的流程

当单位需要支付现金而库存现金不足时或者实际库存现金低于库存现金限额，需要现金补足时，可按规定从银行提取现金。

现金提取的一般流程如下：

1. 填写并审核现金支票使用登记簿

现金支票使用登记簿是单位用来登记现金支票使用情况的记录表，它包含的主要内容有：日期、购入支票号码、使用支票号码、领用人、金额、用途、备注等。图3-5所示为现金支票使用登记簿样式。

现金支票使用登记簿

日期	购入支票号码	使用支票号码	领用人	金额	用途	备注

图3-5 现金支票使用登记簿样式

2. 领用并填写现金支票

现金支票是由存款人签发，委托开户银行向收款人支付一定数额现金的票据。现金支票是支票的一种，是专门用于支取现金的。开户单位应按现金的开支范围签发现金支票，现金支票的金额起点为100元，其付款方式是见票即付。应认真填写支票的有关内容，如款项用途、取款金额、签发单位账号、收款人名称（开户单位签发现金支票支取现金，是以自己为收款人）等。图3-6所示为现金支票样式。

3. 审核背书现金支票

现金支票经过财务经理审核正确无误后，就可以在现金支票正联的出票人签章处以及反面的收款人签章处加盖财务专用章。当财务经理盖章完毕之后，出纳人员也要在出票人签章处以及反面的收款人签章处加盖法人专用章。

4. 银行取现

到银行提取现金不需要存根联，存根联单独留存以备记账。出纳人员去银行提取现金

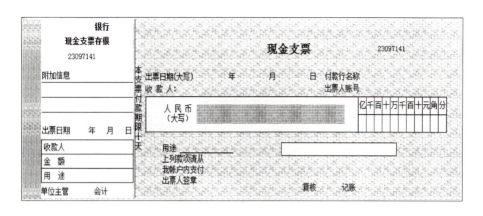

图 3-6 现金支票样式

时一般需要携带身份证件，且由他人陪同，保证现金的安全。出纳人员提取现金之后离开银行之前要先确认提取的现金金额与现金支票填写的金额是否一致，确认无误后方可离开银行，且提取现金回到单位后应立即将现金存入保险柜。

5. 编制记账凭证

根据有关原始凭证编制记账凭证。

6. 登记账簿

根据记账凭证登记现金日记账。

任务解析

（1）出纳人员李磊提取备用金 6 000 元。

出纳人员李磊首先应正确填写现金支票，然后去银行办理取款业务。

现金支票的填写样式如图 3-7 所示。

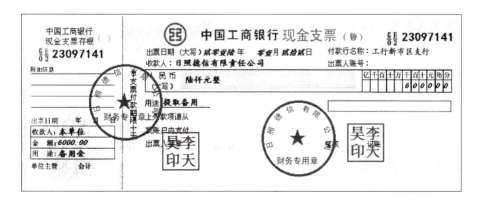

图 3-7 现金支票的填写样式

（2）下班前，出纳人员李磊将当日多余库存现金 2 000 元交存银行。

出纳人员李磊应该正确填写现金存款凭条，如图 3-8 所示，连同整点好的票币交给银行工作人员。

图 3-8 现金存款凭条样式

任务五　现金清查与保管

任务导入

日照德信有限公司 2016 年 1 月 23 日，发生了两笔业务。
（1）现金盘点中发现短缺 60 元，原因待查。
（2）经查明，上述短缺款项是由出纳人员李磊工作疏忽所致，由其赔偿。
对于这两笔业务，出纳人员应该如何处理呢？

本节内容

一、现金的清查

1. 现金清查制度

现金清查是指通过对库存现金的实地盘点并与现金账户进行核对来检查账面余额和实存数是否相符，保护现金的安全完整。现金清查包括出纳人员对现金的日常核对清点和清点组定期或不定期地现金清查。

现金清查应当坚持日清月结制度。日清月结是出纳人员办理现金出纳业务的基本原则和要求，也是避免出现长款、短款的重要措施。所谓日清月结就是出纳人员办理现金出纳业务，必须做到按日清理、按月结账。这里所说的按日清理，是指出纳人员应对当日的经济业务进行清理，全部登记日记账，结出库存现金账面余额，并与库存现金实地盘点数核对。按日清理的内容包括以下几个方面。

1）清理各种现金收付款凭证

检查单证是否相符，也就是说各种收付款凭证所填写的内容与所附原始凭证反映的内容是否一致；同时还要检查每张单证是否已经盖齐"收讫"和"付讫"的戳记。出纳人员不得以白条冲抵库存现金。

2）登记和清理日记账

将当日发生的所有现金收付业务全部登记入账，在此基础上，看看账证是否相符，即现金日记账所登记的内容、金额与收、付款凭证的内容、金额是否一致。清理完毕后，结出现金日记账的当日库存现金账面余额。

3）现金盘点

出纳人员应按券别分别清点其数量，然后加总，即可得出当日现金的实存数。将盘存得出的实存数和账面余额进行核对，看两者是否相符。如发现有长款或短款，则应进一步查明原因，及时进行处理。所谓长款，是指现金实存数大于账存数；所谓短款，是指现金实存数小于账存数。如果经查明长款属于记账错误、丢失单据等，则应及时更正错账或补办手续；如果是属于少付他人则应查明退还原主；如果确实无法退还，则应经过一定审批手续把其作为单位的收益。对于短款，如查明属于记账错误，则应及时更正错账；如果属于出纳人员工作疏忽或业务水平问题，则一般应按规定由过失人赔偿。

4）检查库存现金是否超过规定的现金限额

如实际库存现金超过规定库存限额，则出纳人员应将超过部分及时送存银行；如果实际库存现金低于库存限额，则应及时补提现金。

一般来说，现金清查多采用突击盘点方法，不预先通知出纳人员，以防预先做手脚，盘点时间最好在一天业务开始之前或一天业务结束后，由出纳人员将截止清查时现金收付账项全部登记入账，并结出账面余额。这样可以避免干扰正常的业务。清查时出纳人员应始终在场，并给予积极的配合。清查结束后，应由清查人填制《库存现金盘点表》，填列账存金额、实存金额以及盘盈或盘亏金额，并说明原因，上报有关部门或负责人进行处理。

库存现金盘点表如图 3-9 所示。

注意：库存现金盘点表应按月编制，附在出纳报告单后。

现金清查中应注意以下几个问题：

（1）清查时，现金出纳人员应在场。

（2）企业库存现金分放两处或两处以上的，应同时清查或先封存再依次清查。

（3）清查时，不仅要检查账存余额和实存金额是否相符，还应查明现金收付业务是否遵守财经纪律，现金的管理工作是否符合现金的管理制度等。

图 3-9 库存现金盘点表样式

（4）清查时发现现金短缺或溢余，应设法查明原因，并编制现金盘点表，列明实存金额、账存金额及短缺或溢余金额。有短缺或溢余金额的应说明原因，及时报请有关负责人，根据不同情况做出处理。

2. 现金短缺或溢余的处理

每日终了结算现金收支、财产清查等发现有待查明原因的现金短缺或溢余时，应通过"待处理财产损溢"科目核算。

（1）如果属于现金短缺，则应按实际短缺的金额，做如下会计分录：

借：待处理财产损溢——待处理流动资产损溢

　　贷：库存现金

（2）如果属于现金溢余，则应按实际溢余的金额，做如下会计分录：

借：库存现金

　　贷：待处理财产损溢——待处理流动资产损溢

（3）现金短缺或溢余，查明原因后做如下处理。

①如果是现金短缺，且属于应由责任人（或保险公司）赔偿的部分，则做如下会计分录：

借：其他应收款——应收现金短缺（或应收保险赔款）

　　贷：待处理财产损溢——待处理流动资产损溢

如果属于无法查明的其他原因，根据管理权限，经批准后处理，则做如下会计分录：

借：管理费用——现金短缺

　　贷：待处理财产损溢——待处理流动资产损溢

②如果是现金溢余，且属于应支付给有关人员或单位的，则做如下会计分录：

借：待处理财产损溢——待处理流动资产损溢

　　贷：其他应付款——应付现金溢余（个人或单位）

如果属于无法查明原因的现金溢余，经批准后，则做如下会计分录：

借：待处理财产损溢——待处理流动资产损溢

　　贷：营业外收入——现金溢余

二、现金的保管

为了加强现金管理，国务院和中国人民银行分别颁发了《现金管理暂行条例》和《现金管理暂行条例实施细则》，单位不但要按照规定正确使用现金，而且要结合自身的实际情况，制定相应的现金保管制度。现金的保管应注意以下几个方面：

（1）库存现金一定要有专人妥善保管。出纳人员在日清月结之后，要按规定将现金存放在保险柜中。

（2）库存现金的存放要有安全措施。出纳人员要将现金存入保险柜中，并保管好保险柜的钥匙。

（3）确保在途现金的安全完整。出纳人员在存取现金途中，一定要有安全保障，不要独自前往，一般要有两个以上的人员陪同。

（4）超限额库存现金的管理。为了确保安全，对于超限额的库存现金，一定要按规定及时送存银行。

任务解析

（1）现金盘点中发现短缺60元，原因待查。

现金盘点中发现短缺，在查明原因前应记入"待处理财产损溢"账户，会计分录如下：

借：待处理财产损溢
　　贷：库存现金

（2）经查明，上述短缺款项是由出纳人员李磊的工作疏忽所致，由其赔偿。

现金短缺应由责任人赔偿的部分，在收到赔偿前，应当记入"其他应收款"，会计分录如下：

借：其他应收款——李磊
　　贷：待处理财产损溢

练 习 题

一、单项选择题

1. 货币资金是指企业生产经营过程中处于货币形态的那部分资产，包括（　　）。

　A. 库存现金　　　　　　　　　B. 银行存款

　C. 现金支票　　　　　　　　　D. 其他货币资金

2. 按照《现金管理暂行条例》，下列不属于现金使用范围的有（　　）。

　A. 支付职工的工资、津贴　　　B. 出差人员必须随身携带的差旅费

　C. 企业购买生产材料　　　　　D. 支付城乡居民个人的劳务报酬

3. 下列关于现金管理的说法不正确的是（　　）。

　A. 开户单位库存现金一律实行限额管理

B. 所有单位都禁止坐支现金

C. 单位收入的现金不准作为储蓄存款存储

D. 收入现金应及时送存银行

4. 现金盘点中发现溢余，在查明原因前，应当（　　）。

　　A. 借记待处理财产损溢　　　　　　B. 贷记待处理财产损溢

　　C. 贷记现金　　　　　　　　　　　D. 贷记营业外收入

5. 现金盘点中发现短缺，在查明原因前，应当（　　）。

　　A. 借记待处理财产损溢　　　　　　B. 贷记待处理财产损溢

　　C. 借记现金　　　　　　　　　　　D. 借记管理费用

6. 库存现金限额一般是按企业（　　）的日常零星开支的需要量进行核定。

　　A. 3 天　　　　B. 5 天　　　　C. 3～5 天　　　　D. 3～15 天

7. 库存现金清查中发现的确实无法查明原因的长款，应贷记（　　）账户。

　　A. 盈余公积　　　　　　　　　　　B. 管理费用

　　C. 其他业务收入　　　　　　　　　D. 营业外收入

8. 企业现金和银行存款日记账是由（　　）根据审核无误的记账凭证逐日逐笔进行登记。

　　A. 会计主管　　B. 出纳人员　　C. 审计员　　　D. 财务总监

9. 下列各项不能采用现金结算的是（　　）。

　　A. 支付职工工资 2 200 元　　　　　B. 向一般纳税人购入原材料 5 000 元

　　C. 采购员随身携带的差旅费 3 000 元　D. 向个人收购农副产品 1 300 元

10. 下列人民币书写正确的是（　　）。

　　A. 人民币二千元正　　　　　　　　B. 4 250.00 元

　　C. ¥380.00 元　　　　　　　　　　D. ¥3 650.00

11. 根据国务院颁布的《现金管理暂行条例》的规定，零星支出的结算起点是（　　）。

　　A. 100 元　　　B. 500 元　　　C. 1 000 元　　　D. 2 000 元

12. 企业应当按照规定对库存现金进行清查，清查方法一般采用（　　）。

　　A. 询问法　　　　　　　　　　　　B. 实地盘点法

　　C. 技术推算法　　　　　　　　　　D. 永续盘点法

二、业务题

资料：2017 年 6 月 24 日下午 6 时，审计人员王红参加盘点了星光机械厂的库存现金，相关记录如下：

（1）人民币：100 元 4 张、50 元 6 张、10 元 80 张、5 元 18 张、1 元 15 张、5 角 12 张。

（2）6 月 24 日某企业从该厂购进产品 500 件，收入现金 2 000 元，尚未入账。

（3）6 月 24 日供应科科长借差旅费支付现金 800 元，已经有领导批准，本人签收，尚未入账。

（4）6 月 24 日该厂门市部交来现金 500 元，尚未入账。

（5）2017 年 6 月 24 日库存现金日记账余额为 1 234 元。

要求：根据盘点结果编制库存现金盘点表。

项目四

银行结算业务

知识目标

△ 熟练掌握银行结算方式和要求；
△ 熟练掌握银行结算方式的适用范围。

能力目标

△ 根据业务选择合适的银行结算方式；
△ 正确办理各种银行支付结算业务。

任务一

银行账户

任务导入

2016年5月8日，因业务结算的需要，财务主管要求李磊到中国建设银行开立基本存款账户，李磊该如何开立呢？

本节内容

一、银行结算账户的概念和种类

1. 银行结算账户的概念

银行结算账户也称银行存款账户，是指存款人在经办银行开立的办理资金收付结算的人民币活期存款账户。

2. 银行结算账户的种类

银行结算账户按存款人不同，分为单位银行结算账户和个人结算账户。其中单位银行结算账户按用途不同，分为基本存款账户、一般存款账户、专用存款账户和临时存款账户。

1）基本存款账户

基本存款账户是存款人的主办账户，是指存款人办理日常转账结算和现金收付而开立的银行结算账户。经营活动的日常资金收付以及工资、奖金和现金的支取均可通过该账户办理。存款人只能在银行开立一个基本存款账户并且在其账户内应有足够的资金支付，并实行人民银行当地分支机构核发开户许可证制度。开立基本存款账户是开立其他银行结算账户的前提。

开立基本存款账户的适用对象及向银行出具的证明文件：

（1）企业法人，应出具企业法人营业执照正本。

（2）非法人企业，应出具企业营业执照正本

（3）机关和实行预算管理的事业单位，应出具政府人事部门或编制委员会的批文或登记证书和财政部门同意其开户的证明；非预算管理的事业单位，应出具政府人事部门或编制委员会的批文或登记证书。

（4）团级（含）以上军队、武警部队及分散执勤的支（分）队，应出具军队军级以上单位财务部门、武警总队财务部门的开户证明。

（5）社会团体，应出具社会团体登记证书，宗教组织还应出具宗教事务管理部门的批文或证明。

（6）民办非企业组织（如不以营利为目的的民办学校、福利院、医院），应出具民办非企业登记证书。

（7）异地常设机构，应出具其驻地政府主管部门的批文。

（8）外国驻华机构，应出具国家有关主管部门的批文或证明；外资企业驻华代表处、办事处应出具国家登记机关颁发的登记证。

（9）个体工商户，应出具个体工商户营业执照正本。

（10）居民委员会、村民委员会、社区委员会，应出具其主管部门的批文或证明。

（11）单位设立的独立核算的附属机构，应出具其主管部门的基本存款账户开户许可证和批文。

（12）其他组织，应出具政府主管部门的批文或证明。

存款人为从事生产、经营活动纳税人的，还应出具税务部门颁发的税务登记证。根据国家有关规定无法取得税务登记证的，可不出具。

开立程序：

存款人申请开立基本存款账户时，应填制开户申请书，提供规定的证明文件；银行应对存款人的开户申请书的事项和证明文件的真实性、完整性、合规性进行认真审查，并将审查后的存款人提交的上述文件和审核意见等开户资料报送中国人民银行当地分支行，经其核准后办理开户手续。中国人民银行应于2个工作日内对银行报送的基本存款账户开户资料的合规性以及唯一性进行审核，符合开户条件的，予以核准；不符合开户条件的，则应在开户申请书上签署意见，连同有关证明文件一并退回报送银行。

2）一般存款账户

一般存款账户是存款人因借款或其他结算需要，在基本存款账户开户银行以外的银行营业机构开立的银行结算账户。一般存款账户用于办理存款人借款转存、借款归还和其他结算的资金收付。该账户可以办理现金缴存，但不得办理现金支取，开立数量没有限制。一般存款账户自正式开户之日起3个工作日后可办理付款业务，但因借款转存开立的一般存款账户除外。

存款人开立一般存款账户，应填制开户申请书，并向开户银行出具下列证明文件：

（1）开立基本存款账户规定的证明文件。

（2）基本存款账户开户许可证。

（3）若存款人是因向银行借款需要开立一般存款账户，则应出具借款合同。

（4）若存款人是因资金结算需要开立一般存款账户，则应出具有关证明。

开立程序：

根据《账户管理办法》的有关规定，存款人申请开立一般存款账户时，应填制开户申请书，提供规定的证明文件；银行应对存款人的开户申请书填写的事项和证明文件的真实性、完整性、合规性进行认真审查，符合一般存款账户条件的，银行应办理开户手续，同时应在其基本存款账户开户登记证上登记账户名称、账号、账户性质、开户银行和开户日期，并签章，于开户之日起 5 个工作日内向中国人民银行当地分支行备案；自开立一般存款账户之日起 3 个工作日内书面通知其基本存款账户开户银行。

3）专用存款账户

专用存款账户是存款人按照法律、行政法规和规章，对其特定用途资金进行专项管理和使用而开立的银行结算账户。

存款人申请开立专用存款账户，应向中国人民银行出具其开立基本存款账户规定的证明文件、基本存款账户开户许可证和下列证明文件（同一证明文件只能开立一个专用存款账户）：

（1）基本建设资金、更新改造资金、政策性房地产开发资金，应出具主管部门批文。

（2）财政预算外资金，应出具财政部门的证明。

（3）粮、棉、油收购资金，应出具主管部门批文。

（4）单位银行卡备用金，应按照中国人民银行批准的银行卡章程的规定出具有关证明和资料。

（5）证券交易结算资金，应出具证券公司或证券管理部门的证明。

（6）期货交易保证金，应出具期货公司或期货管理部门的证明。

（7）金融机构存放同业资金，应出具其证明。

（8）收入汇缴资金和业务支出资金，应出具基本存款账户存款人有关的证明。

（9）党、团、工会设在单位的组织机构经费，应出具该单位或有关部门的批文或证明。

（10）其他按规定需要专项管理和使用的资金，应出具有关法规、规章或政府部门的文件。

（11）合格境外机构投资者在境内从事证券投资开立的人民币特殊账户和人民币结算资金账户纳入专用存款账户管理，其开立人民币特殊账户时应出具国家外汇管理部门的批复文件，开立人民币结算资金账户时应出具证券管理部门证券投资业务的许可证。

开立程序：

根据《账户管理办法》的有关规定，存款人申请开立专用存款账户时，应填制开户申请书，提供规定的证明文件；银行应对存款人的开户申请书填写的事项和证明文件的真实性、完整性、合规性进行认真审查。专用存款账户属于预算单位专用存款账户的，银行应将存款人的开户申请书、相关的证明文件和银行审核意见等开户资料报送中国人民银行当地分支行，经其对申报资料进行合规性审查，并核准后办理开户手续，该核准程序与基本存款账户的核准程序相同；属于预算单位专用存款账户之外的其他专用存款账户的，银行应办理开户手续，并于开户之日起 5 个工作日内向中国人民银行当地分支行备案。

银行在办理专用存款账户开户手续时，同时应在其基本存款账户开户登记证上登记账户名称、账号、账户性质、开户银行、开户日期，并签章，自开立专用存款账户之日起 3 个工作日内书面通知基本存款账户开户银行。

4）临时存款账户

临时存款账户是存款人因临时需要并在规定期限内使用而开立的银行结算账户。因异地临时经营活动需要时，可以申请开立异地临时存款账户，用于资金的收付。存款人在账户的使用中需要延长期限的，应在有效期限内向开户银行提出申请，并由开户银行报中国人民银行当地分支行核准后办理展期，并由该分支行收回原临时存款账户许可证，颁发新的临时存款账户开户许可证。中国人民银行当地分支行不核准展期申请的，存款人应当及时办理该临时存款账户的撤销手续。临时存款账户的有效期最长不得超过 2 年。

存款人申请开立临时存款账户，应向银行出具下列证明文件：

（1）临时机构，应出具其所驻地的主管部门同意设立临时机构的批文。

（2）异地建筑施工及安装单位，应出具其营业执照正本或其隶属单位的营业执照正本，以及施工及安装地建设主管部门核发的许可证或建筑施工及安装合同。

（3）异地从事临时经营活动的单位，应出具其营业执照正本以及临时经营地工商行政管理部门的批文。

（4）注册验资资金，应出具工商行政管理部门核发的企业名称预先核准通知书或有关部门的批文。

第（2）和第（3）项还应出具其基本存款账户开户许可证。

开立程序：

根据《账户管理办法》的有关规定，存款人申请开立临时存款账户时，应填制开户申请书，提供规定的证明文件；银行应对存款人的开户申请书填写的事项和证明文件的真实性、完整性、合规性进行认真审查；银行应将存款人的开户申请书、相关的证明文件和银行审核意见等开户资料报送中国人民银行当地分支行，经对申报资料进行合规性审查，并核准后办理开户手续。该核准程序与基本存款账户的核准程序相同。

银行在办理临时存款账户开户手续时，同时应在其基本存款账户开户许可证上登记账户名称、账号、账户性质、开户银行、开户日期，并签章，但临时机构和注册验资需要开立的临时存款账户除外。银行自开立临时存款账户之日起 3 个工作日内应书面通知基本存款账户开户银行。

二、银行结算账户的开立、变更和撤销

1. 银行结算账户的开立

（1）存款人应在注册地或住所地开立银行结算账户。符合异地（跨省、市、县）开户条件的，也可以选择在异地开立银行结算账户。

（2）需要中国人民银行核准的账户包括：基本存款账户、临时存款账户（因注册验资和增资验资开立的除外）、预算单位专用存款账户、合格境外机构投资者在境内从事证券投资开立的人民币特殊账户和人民币结算资金账户（简称"QFII 专用存款账户"）。

（3）符合开立一般存款账户、其他专用存款账户和个人银行结算账户条件的，银行应办理开户手续，并于开户之日起 5 个工作日内向中国人民银行当地分支行备案。

（4）中国人民银行当地分支行应于 2 个工作日内对开户银行报送的核准类账户的开户资料的合规性予以审核，符合开户条件的，予以核准，颁发基本（临时或专用）存款账户开户许可证。

（5）存款人开立单位银行结算账户，自正式开立之日起 3 个工作日后，方可使用该账户办理付款业务，但注册验资的临时存款账户转为基本存款账户和因借款转存开立的一般存款账户除外。对于核准类银行结算账户，"正式开立之日"为中国人民银行当地分支行

的核准日期；对于非核准类银行结算账户，"正式开立之日"为开户银行为存款人办理开户手续的日期。

2. 银行结算账户的变更

存款人更改名称，但不改变开户银行及账号的，应于5个工作日内向开户银行提出银行结算账户的变更申请，并出具有关部门的证明文件。

单位的法定代表人或主要负责人、住址以及其他开户资料发生变更时，应于5个工作日内书面通知开户银行并提供有关证明。

银行接到存款人的变更通知后，应及时办理变更手续，并于2个工作日内向中国人民银行报告。

3. 银行结算账户的撤销

有下列情形之一的，存款人应向开户银行提出撤销银行结算账户的申请。

(1) 被撤并、解散、宣告破产或关闭的。
(2) 注销、被吊销营业执照的。
(3) 因迁址需要变更开户银行的。
(4) 因其他原因需要撤销银行结算账户的。

存款人撤销银行结算账户，必须与开户银行核对银行结算账户余额，交回各种重要空白票据及结算凭证和开户登记证，并填写《撤销银行结算账户申请书》，银行核对无误后方可办理销户手续。存款人未按规定交回各种重要空白票据及结算凭证的，应当出具相关证明，造成损失的，应由其自行承担。

办理撤销银行账户业务一般携带以下资料：
(1) 法人身份证原件。
(2) 法定代表人授权委托书。
(3) 被授权的代理人身份证及加盖公章的复印件。
(4) 单位公章、财务印鉴和财务主管人名章。
(5) 办理开户时银行回单及预留印鉴卡。
(6) 支票、付款申请书等空白凭证。

任务二　转账结算

任务导入

2016年5月18日，日照德信有限公司向济南顺达贸易股份有限公司转账10 000元，出纳人员李磊应怎样处理？

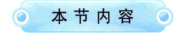
本节内容

一、转账结算概述

企业在经营过程中，由于商品交易和劳务供应，经常发生与其他单位或个人之间的结算业务。结算方式可以分为现金结算和转账结算两种方式。

现金结算是指直接用现金收付有关款项的结算方式。

转账结算是指不直接使用现金，而是通过银行将款项从付款单位（或个人）的银行账户直接划转到收款单位（或个人）的银行账户的货币资金结算方式。

这里的"账"指的是各单位在银行开立的存款账户。银行接受客户委托代收代付，即从付款单位存款账户划出的款项，转入收款单位存款账户，以此完成经济单位之间债权、债务的清算或资金的调拨。由于转账结算不动用现金，所以又称为非现金结算或划拨清算。

按照银行结算办法的规定，除了规定的可以使用现金结算的以外，所有企业、事业单位和机关、团体、部队等相互之间发生的商品交易、劳务供应、资金调拨、信用往来等均应按照银行结算办法的规定，通过银行实行转账结算。

实行转账结算具有如下意义：

（1）实行转账结算，用银行信用收付代替现金流通，使各单位之间的经济往来只有结算起点以下的符合现金开支范围内的业务才使用现金，缩小了现金流通的范围和数量，使大量现金脱离流通领域，从而为国家有计划地组织和调节货币流通量，阻止和抑制通货膨胀创造条件。

（2）转账结算是通过银行集中清算资金实现的，银行通过使用各种结算凭证、票据将资金直接从付款单位（或个人）划转给收款单位（或个人），不论款项大小、繁简，也不论距离远近，只要是在银行结算起点以上的，均可以通过银行机构及时办理，手续简单，省去了使用现金结算时的款项运送、清点、保管等手续，方便快捷，从而缩短了清算时间，加速了物资和资金的周转。

（3）实行转账结算，有利于聚集闲散资金，扩大银行信贷资金来源。

（4）实行转账结算，各单位的款项收支，大部分都通过银行办理结算，银行通过集中办理转账结算，能全方面地了解各单位的经济活动，监督各单位认真执行财经法规，防止非法活动的发生，促进各单位更好地遵守财经法规。

（5）实行转账结算，可以避免由于实行现金结算而发生的在现金运输、保管过程中丢失、被抢、被窃等不测损失；并且由于通过银行转账结算，不论款项大小、时间长短，都有据可查，故一旦发生意外情况也便于追索，从而保证了结算资金的安全。

（6）实行转账结算，银行可监督各单位履行合同、遵守信用等情况，从而减少了由于对方单位不守信用而带来的损失。

二、转账结算的分类

按转账结算的范围，可以分为同城结算、异地结算。

按转账结算的方式，可以分为三类：第一类是由银行通过记账形式划转款项，包括汇兑、委托收款、托收承付、信用证四种；第二类是票据化的结算方式，包括支票、银行汇票、银行本票、商业汇票；第三类是电子化方式，包括信用卡和网上支付等。

只能用于同城结算的是银行本票；只能用于异地结算的，包括汇兑、托收承付、银行汇票、信用证；既可用于同城也可用于异地的结算方式，包括支票、委托收款、商业汇票、信用证和网上支付。

任务三　支票结算

任务导入

2016年9月12日，日照德信有限公司从济南顺达贸易股份有限公司购入汽车配件一批，并开出转账支票23 000元，出纳人员应如何填制转账支票？

本节内容

一、支票概述

支票是出票人签发的，委托办理支票存款业务的银行在见票时，无条件支付确定的金额给收款人或持票人的票据，单位和个人在同一票据交换区域的各种款项结算均可以使用支票。2007年7月起，支票在全国通用，但在实际中较少被用于异地结算。

异地使用支票款项最快可在2~3小时到账，一般在银行受理之日起3个工作日内均可到账。为防范支付危险，异地使用支票的单笔金额上限为50万元。办理支票业务，银行向客户的收费暂按现行标准不变。异地使用支票是由支票影像交换系统支持的，支票影像交换系统，是基于影像技术将实物支票截留转换为支票影像信息，传递至出票人开户银行提示付款的支票清算系统。支票影像业务的处理分为影像信息交换和业务回执处理两个阶段，即支票收款人开户银行通过影像交换系统将支票影像信息发送至出票人开户银行提示付款；出票人开户银行审核无误后将款项通过小额支付系统支付给收款人开户银行。

（一）支票记载事项

支票记载事项包括以下内容：

(1) 表明"支票"的字样。
(2) 无条件支付的委托。
(3) 确定的金额。
(4) 付款人名称。
(5) 出票日期。
(6) 出票人签章。

欠缺记载上列事项之一的，支票无效。支票的付款人为支票上记载的出票人开户银行。常见的支票正面、反面如图4-1和图4-2所示。

图4-1 现金支票正面样式

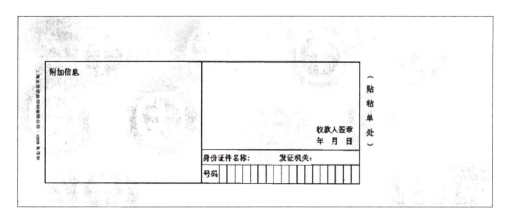

图4-2 现金支票背面样式

（二）支票的种类

1. 记名支票和不记名支票

按收款人记载形式的不同，支票可以分为记名支票和不记名支票。

(1) 记名支票：又称抬头支票，即在支票上记载收款人姓名。这种支票的票款，只能付给票面指定的收款人，转让时须由收款人背书。目前，我国使用的支票均为记名支票。

(2) 不记名支票：又称空白支票，即在支票上不记载收款人姓名。这种支票无须背书即可转让，取款时也无须在背面签字盖章。

2. 普通支票、现金支票、转账支票

支票按支付票款方式的不同分为普通支票、现金支票、转账支票 3 种。

(1) 普通支票指支票未印有"现金"或"转账"字样的支票，该支票既能用于提取现金又能用于转账，在普通支票左上角划两条平行线的划线支票只能用于转账，不得支取现金。

(2) 现金支票指支票上印有"现金"字样的支票，该支票只能用于支取现金。图 4-3 所示为现金支票样式。

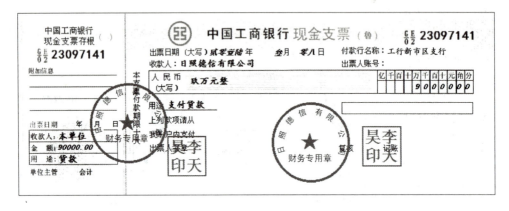

图 4-3 现金支票样式

(3) 转账支票指支票上印有"转账"字样的支票，该支票只能用于转账。目前常用的支票是现金支票和转账支票。图 4-4 所示为转账支票样式。

图 4-4 转账支票样式

二、支票结算流程

1. 现金支票结算基本流程

开户单位用现金支票提取现金时，由单位出纳人员签发现金支票并加盖银行预留印鉴后，到开户银行提取现金。开户单位用现金支票向外单位或个人支付现金时，由付款单位

出纳人员签发现金支票并加盖银行预留印鉴和注明收款人后交收款人,收款人持现金支票到付款单位开户银行提取现金,并按照银行的要求交验有关证件。

2. 转账支票结算流程

1) 由签发人交收款人办理结算的流程

(1) 付款人签发转账支票交收款人。

(2) 收款人持票并填进账单,到开户行办理入账。

(3) 银行间办理划拨。

(4) 收款人开户银行下收款通知。

2) 由签发人交签发人开户银行办理结算的流程

(1) 签发转账支票并填进账单办理转账。

(2) 银行间办理划拨。

(3) 收款人开户银行下收款通知。

单位将转账支票送存开户行进账、汇款,或将现金送存开户行,均应填写进账单,在银行办理进账手续。进账单第一联为回单或收款通知联,是收款人开户行交给收款人的回单;第二联为收入凭证联,此联由收款人开户行做收入传票。

3. 定额支票结算流程

定额支票结算流程如下:

(1) 将款项交存银行申请签发定额支票,银行签发后交给付款人。

(2) 付款人将定额支票交收款人。

(3) 收款人将定额支票交银行。

(4) 收款人是个人的,银行支付给收款人现金;收款人是单位的,通过银行划拨。

三、支票的填写

1. 出票日期

数字必须大写,大写数字写法:零、壹、贰、叁、肆、伍、陆、柒、捌、玖、拾。

比如,2005 年 8 月 5 日:贰零零伍年捌月零伍日,捌月前零字可写也可不写,伍日前零字必写;2006 年 2 月 13 日:贰零零陆年零贰月壹拾叁日。

(1) 壹月、贰月前零字必写,叁月至玖月前零字可写可不写。拾月至拾贰月必须写成壹拾月、壹拾壹月、壹拾贰月(前面多写了"零"字也认可,如零壹拾月)。

(2) 壹日至玖日前零字必写,拾日至拾玖日必须写成壹拾日及壹拾×日(前面多写了"零"字也认可,如零壹拾伍日,下同),贰拾日至贰拾玖日必须写成贰拾日及贰拾×日,叁拾日至叁拾壹日必须写成叁拾日及叁拾壹日。

2. 收款人

(1) 现金支票收款人可写为本单位名称,此时现金支票背面被背书人栏内加盖本单位的财务专用章和法人章,之后收款人可凭现金支票直接到开户银行提取现金。(由于有的银行各营业点联网,所以也可到联网营业点取款,具体要看联网覆盖范围。)

（2）现金支票收款人可写为收款人个人姓名，此时现金支票背面不盖任何章，收款人在现金支票背面填上身份证号码和发证机关名称，凭身份证和现金支票签字领款。

（3）转账支票收款人应填写为对方单位名称。转账支票背面本单位不盖章。收款单位取得转账支票后，在支票背面被背书栏内加盖收款单位财务专用章和法人章，填写好银行进账单后连同该支票交给收款单位的开户银行，委托银行收款。

3. 付款行名称、出票人账号

即本单位开户银行名称及银行账号，例如，工行高新支行九莲分理处1202027409900088888，账号小写。

4. 人民币

金额大写的写法：零、壹、贰、叁、肆、伍、陆、柒、捌、玖、亿、万、仟、佰、拾。注意："万"字不带单人旁。书写示例如下：

（1）￥289 546.52，写作：贰拾捌万玖仟伍佰肆拾陆元伍角贰分。

（2）￥7 560.31，写作：柒仟伍佰陆拾元零叁角壹分。此时"陆拾元零叁角壹分"的"零"字可写可不写。

（3）￥532.00，写作：伍佰叁拾贰元整。"整"写为"正"字也可以。不能写为"零角零分"。

（4）￥425.03，写作：肆佰贰拾伍元零叁分。

（5）￥325.20，写作：叁佰贰拾伍元贰角。角字后面可加"整"字，但不能写"零分"，比较特殊。

人民币小写时最高金额的前一位空白格用"￥"字头填写，数字填写要求完整清楚。

5. "用途"栏

（1）现金支票有一定规定，一般填写"备用金""差旅费""工资""劳务费"等。

（2）转账支票没有具体规定，可填写如"货款""代理费"等。

6. 盖章

支票正面盖财务专用章和法人章，缺一不可，印泥为红色，印章必须清晰。若印章模糊，则只能将本张支票作废，换一张重新填写，重新盖章。支票背面盖章与否见"2. 收款人"。

7. 常识

（1）支票正面不能有涂改痕迹，否则本支票作废。

（2）受票人如果发现支票填写不全，那么可以补记，但不能涂改。

（3）支票的有效期为10天，日期首尾算一天。节假日顺延。

（4）支票见票即付，不记名。（丢了支票尤其是现金支票，那么票面金额数目的钱就丢了，银行不承担责任。现金支票一般要素填写齐全，假如支票未被冒领，则应在开户银行挂失。对于转账支票，假如支票要素填写齐全，则也应在开户银行挂失；假如要素填写不齐，则可到票据交换中心挂失。）

（5）若出票单位现金支票背面有的印章盖模糊了，则可把模糊印章打叉，重新再盖一次。

（6）若收款单位转账支票背面印章盖模糊了（《中华人民共和国票据法》规定此种缺

失是不能以重新盖章的方法来补救的），则收款单位可带转账支票及银行进账单到出票单位的开户银行去办理收款手续（不用付手续费），俗称"倒打"，这样就用不着到出票单位重新开支票了。

任务四

银行汇票结算

任务导入

2016年3月11日，采购部小王到山东济南采购材料，供货商为济南顺达贸易股份有限公司，价税合计金额为70 000元，财务主管刘凡要求银行汇票支付，出纳人员李磊到银行办理此业务。采购方日照德信有限公司与供货方济南顺达贸易股份有限公司的基本情况如下：

```
日照德信有限公司的基本情况
单位全称：日照德信有限公司（增值税一般纳税人）
开户银行：工行日照新市区支行     银行账号：206666666
增值税税号：370500000000455
法人代表：李天昊    会计主管：刘凡    出纳：李磊
地址：日照市东港区山海路99号    电话：0633-9876654
```

```
济南顺达贸易股份有限公司的基本情况
单位全称：济南顺达贸易股份有限公司（增值税一般纳税人）
开户银行：工行济南历城支行    银行账号：324444444
增值税税号：37034557876633333
法人代表：宋丽丽    会计主管：安小全    出纳：王明
地址：济南经十路345号    电话：0531-8586675
```

（1）请说明采购方的出纳人员李磊该如何进行业务处理。
（2）请说明销售方的出纳人员王明在收到银行汇票时如何处理。

本节内容

一、银行汇票结算概述

1. 银行汇票的概念

银行汇票是出票银行签发的，由其在见票时按照实际结算金额无条件付给收款人或者持票人的票据。银行汇票的出票银行为经中国人民银行批准办理银行汇票的银行。银行汇票多用于办理异地转账结算和支取现金。银行汇票有使用灵活、票随人到、兑现性强等特点，适用于先收款后发货或钱货两清的商品交易。

单位和个人各种款项的结算，均可使用银行汇票。银行汇票可以用于转账，填明"现金"字样的银行汇票也可以用于支取现金。申请人或者收款人为单位的，不得在"银行汇票"上填明"现金"字样。

2. 银行汇票结算的特点

与其他银行结算方式相比，银行汇票结算方式具有如下特点：

（1）适用范围广。

银行汇票结算是目前异地结算中较为广泛采用的一种结算方式。这种结算方式不仅适用于在银行开户的单位、个体经济户和个人，而且适用于未在银行开立账户的个体经济户和个人。凡是单位、个体经济户和个人需要在异地进行商品交易、劳务供应和其他经济活动及债权债务的结算，都可以使用银行汇票。并且银行汇票既可以用于转账结算，也可以支取现金。

（2）票随人走，钱货两清。

实行银行汇票结算时，购货单位交款，银行开票，票随人走；购货单位购货给票，销售单位验票发货，一手交票，一手交货；银行见票付款，这样可以减少结算环节，缩短结算资金在途时间，方便购销活动。

（3）信用度高，安全可靠。

银行汇票是银行在收到汇款人款项后签发的支付凭证，因而具有较高的信誉，银行保证支付，收款人持有票据，可以安全及时地到银行支取款项。而且，银行内部有一套严密的处理程序和防范措施，只要汇款人和银行认真按照汇票结算的规定办理，汇款就能保证安全。如果汇票丢失，那么汇款人就可以向银行办理挂失，填明收款单位和个人，银行进而协助汇款人，防止款项被他人冒领。

（4）使用灵活，适应性强。

如果实行银行汇票结算，那么持票人可以将汇票背书转让给销货单位，也可以通过银行办理分次支取或转让，另外还可以使用信汇、电汇或重新办理汇票转汇款项，因而有利于购货单位在市场上灵活地采购物资。

（5）结算准确，余款自动退回。

一般来讲，购货单位很难准确确定具体购货金额，因而出现汇多用少的情况是不可避免的。在有些情况下，多余款项往往长时间得不到清算，从而给购货单位带来了不便和损失。而使用银行汇票结算则不会出现这种情况，单位持银行汇票购货，凡在汇票的汇款金额之内的，可根据实际采购金额办理支付，多余款项将由银行自动退回。这样可以有效地防止交易尾欠的发生。

3. 银行汇票结算的规定

（1）单位和个人各种转账结算，均可使用银行汇票。银行汇票可以用于转账，填明"现金"字样的银行汇票也可以用于支取现金。

（2）银行汇票的出票和付款，全国范围限于中国人民银行和各商业银行参加"全国联行往来"的银行机构办理。跨系统银行签发的转账银行汇票的支付，应通过同城票据交换将银行汇票和解讫通知提交给同城有关银行支付后抵用。

（3）银行汇票的代理付款人是代理本系统出票银行或跨系统签约银行审核支付汇票款项的银行。

（4）银行汇票的提示付款期限为自出票日起一个月。

（5）银行汇票的实际结算金额不得更改，更改实际结算金额的银行汇票无效。

（6）银行汇票为记名式，收款人可以将银行汇票背书转让给被背书人，但填明"现金"字样的银行汇票不得转让。未填写实际结算金额或实际结算金额超过出票金额的银行汇票也不得背书转让。

（7）银行汇票丧失时，失票人可以凭人民法院出具的其享有票据权利的证明，向出票银行请求付款或退款。

（8）填明"现金"字样和代理付款人的银行汇票丧失时，可以由持票人通知付款人或代理付款人挂失止付。

（9）银行汇票退款。

知识链接

银行汇票各联用途

银行汇票一式四联，第一联为卡片，为承兑行支付票款时作付出传票；第二联为银行汇票，与第三联解讫通知一并由汇款人自带，在兑付行兑付汇票后，此联作银行往来账付出传票；第三联为解讫通知，在兑付行兑付后随报单寄签发行，由签发行作余款收入传票；第四联为多余款通知，在签发行结清后交汇款人。

银行汇票四联的样式如图 4-5 ~ 图 4-8 所示。

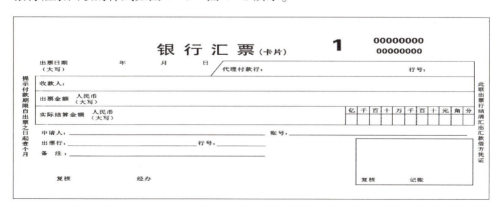

图 4-5　银行汇票卡片联样式

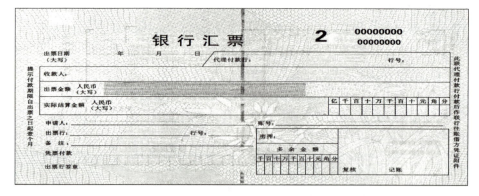

图4-6 银行汇票借方凭证样式

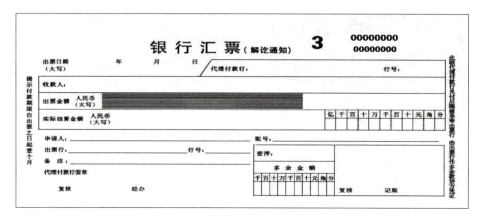

图4-7 银行汇票解讫通知样式

图4-8 银行汇票多余款收账通知样式

二、银行汇票结算流程

(1) 付款人申请签发汇票。
(2) 银行出票。

（3）申请人持银行汇票到异地办理结算，收款人受理收到的银行汇票。

（4）代理付款银行与出票银行清算票款。

（5）出票银行向付款单位退回余额，将银行汇票的第四联"多余款收账通知"交给汇款人（申请人）。

银行汇票结算流程如图4-9所示。

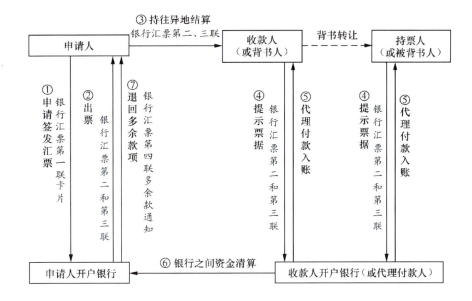

图4-9 银行汇票结算流程

三、银行汇票结算的账务处理

1. 付款人账务处理

如果汇款单位用现金办理银行汇票，则财务部门在收到银行签发的银行汇票后根据银行汇票第一联存根联编制现金付款凭证，其会计分录如下：

借：其他货币资金——银行汇票
　　贷：库存现金

对于银行按规定收取的手续费和邮电费，汇款单位应根据银行出具的收费收据，用现金支付的，编制现金付款凭证，从其账户中扣收的，编制银行存款付款凭证。其会计分录如下：

借：财务费用
　　贷：库存现金（或银行存款）

2. 收款人账务处理

收款人收到银行转来的收账通知，其会计分录如下：

借：银行存款
　　贷：主营业务收入等

任务解析

（1）采购方出纳人员李磊该如何进行业务处理？

李磊应进行如下操作：

①填写一式四联的银行汇票，并由印鉴管理人员在第二联"申请人签章"处加盖预留银行印鉴。

②申请办理银行汇票。

③将银行汇票的第二联和第三联交给单位采购人员。将银行汇票第四联交给制证员。

④根据审核无误的记账凭证，登记银行存款日记账和其他货币资金明细账。

（2）销售方在收到银行汇票时如何处理？

①审核收到的银行汇票。

②填写结算金额及银行汇票背面信息。

③填制进账单办理进账。

④传递凭证。

⑤制证员根据收账通知编制记账凭证。

任务五 银行本票结算

任务导入

2016年3月12日，日照德信有限公司从济南顺达贸易股份有限公司购买一批原材料，货款50 000元，增值税8 500元，采用银行本票结算。

（1）请说明日照德信有限公司出纳人员李磊该如何完成该业务。

（2）请说明济南顺达贸易股份有限公司在收到银行本票时该如何处理。

本节内容

一、银行本票结算概述

1. 银行本票概述

（1）银行本票的概念。

银行本票是银行机构签发的，承诺其在见票时无条件支付确定的金额给收款人或者持票人的票据。本票样式如图 4－10 和图 4－11 所示。

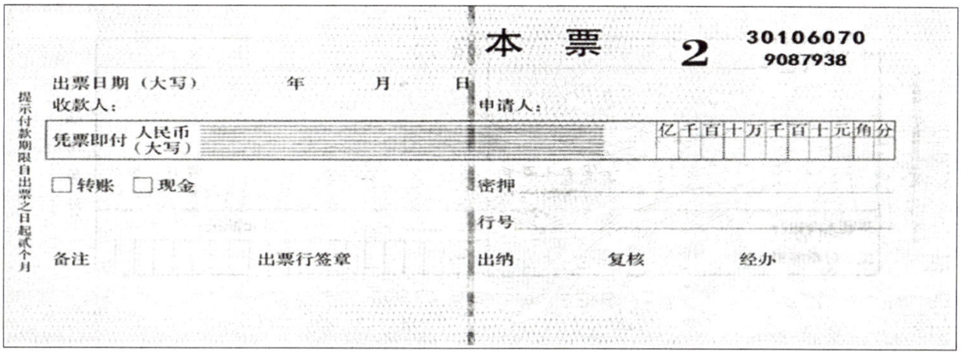

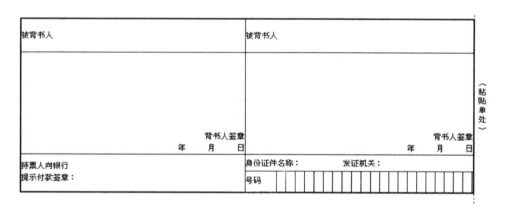

本票 2 30106070 9087938

提示付款期限自出票之日起贰个月

出票日期（大写） 年 月 日

收款人： 申请人：

凭票即付 人民币（大写） 亿 千 百 十 万 千 百 十 元 角 分

□转账 □现金 密押

行号

备注 出票行签章 出纳 复核 经办

图 4－10　本票（正面）样式

被背书人 被背书人

背书人签章 年 月 日 背书人签章 年 月 日

持票人向银行提示付款签章： 身份证件名称： 发证机关： 号码

（粘贴单处）

图 4－11　本票（背面）样式

（2）银行本票的种类以及使用范围。

银行本票的种类。按照金额是否预先固定分为不定额银行本票和定额银行本票。不定额银行本票由经办银行签发和兑付；定额银行本票由中国人民银行发行，各银行代办签发和兑付。

银行本票的使用范围。单位和个人在同一票据交换区域需要支付的各种款项均可以使用银行本票。

2. 银行本票的特点以及结算的基本规定

银行本票的特点：

（1）使用方便。

（2）信誉度高，支付能力强。

结算的基本规定：

（1）银行本票一律记名。

（2）银行本票允许背书转让。

（3）银行本票的付款期限为 2 个月。

（4）银行本票见票即付，不予挂失。

（5）不定额银行本票的金额起点为100元，定额银行本票的面额分为1 000元、5 000元、10 000元和50 000元4种。

（6）银行本票需要支取现金的，付款人应在"银行本票申请书"上注明"现金"字样，银行受理签发本票时，在本票上划去"转账"字样并盖章，收款人凭此本票可以支取现金。

（7）不允许签发远期银行本票。

3. 银行本票的退款和丧失

申请人因银行本票超过提示付款期限或其他原因要求退款时，应将银行本票提交到出票银行，申请人为单位的，应出具该单位的证明；申请人为个人的，应出具本人的身份证件。

银行本票丧失，失票人可以凭人民法院出具的其享有票据权利的证明，向出票银行请求付款或退款。

二、银行本票结算流程

（1）申请签发本票。

本票申请书（存根）样式如图4-12所示。

图4-12 本票申请书（存根）样式

（2）出票。

（3）交付收款人或背书转让。

（4）提示付款。

（5）银行本票见票即付。

（6）代理付款银行与出票银行之间进行资金清算。

银行本票结算流程如图4-13所示。

三、银行本票结算的账务处理

1. 付款人账务处理

（1）付款人收到本票和银行退回的本票申请书存根联后，财务部门根

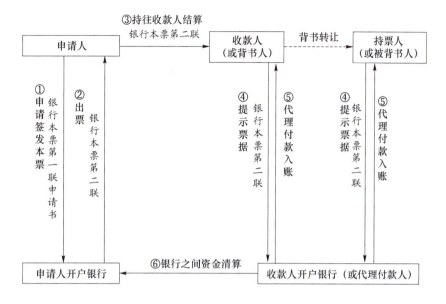

图 4–13　银行本票结算流程

据本票申请书存根联编制银行存款付款凭证，其会计分录如下：

　　借：其他货币资金——银行本票
　　　　贷：银行存款

（2）付款人收到银行签发的银行本票后，即可持银行本票向其他单位购买货物，办理货款结算。付款人可将银行本票直接交给收款人，然后根据收款人的发票账单等有关凭证编制转账凭证，其会计分录如下：

　　借：材料采购等
　　　　贷：其他货币资金——银行本票

2. 收款人账务处理

收款人应根据银行退回的进账单第一联及有关原始凭证编制银行存款收款凭证，其会计分录如下：

　　借：银行存款
　　　　贷：主营业务收入
　　　　　　应交税费——应交增值税（销项税额）

任务解析

（1）日照德信有限公司出纳人员李磊该如何完成该业务？
李磊应进行如下操作：
①正确填写本票申请书，并由印鉴管理人员在第一联申请人签章处加盖预留银行印鉴。
② 申请办理银行本票。
③将银行本票的第二联交给单位采购人员，将申请书回单联交给制证员。

④根据审核无误的记账凭证登记银行存款日记账和其他货币资金明细账。

⑤3月15日，采购人员采购完毕，制证员根据采购发票编制记账凭证。

（2）济南顺达贸易有限公司在收到银行本票时该如何处理？

济南顺达贸易有限公司在收到银行本票时应进行如下操作：

①审核收到的银行本票。

②填写银行本票背面信息并由印鉴管理人员在银行本票第二联的背面加盖预留银行印鉴。

③填制进账单办理进账。

④登记银行存款日记账。

任务六 商业汇票结算

任务导入

2016年3月16日，日照德信有限公司出纳人员李磊接到两笔银行承兑汇票。

（1）接到采购部小李带来的增值税专用发票发票联和抵扣联复印件、采购合同复印件。该增值税专用发票为济南顺达贸易股份有限公司开出。发票上注明的材料价款为500 000元，增值税税额为8 500元。购销双方约定以期限为3个月的银行承兑汇票结算，收到银行承兑汇票后发货。

（2）收到的银行承兑汇票即将到期，委托银行收款。该汇票由济南顺达贸易股份有限公司申请开出，金额为500 000元。

请问：李磊该如何办理这两笔业务？

```
济南顺达贸易股份有限贸易公司基本情况
单位全称：济南顺达贸易股份有限公司（增值税一般纳税人）
开户银行：工行济南历城支行    银行账号：324444444
增值税税号：142202455555555
法人代表：宋丽丽    会计主管：安小全    出纳：王明
地址：济南经十路345号    电话：0531-8586675
```

一、商业汇票结算概述

1. 商业汇票的概念及种类

商业汇票是出票人签发的,委托付款人在指定日期无条件支付确定的金额给收款人或者持票人的票据。在银行开立存款账户的法人以及其他组织之间,必须具有真实的交易关系或债权债务关系,才能使用商业汇票。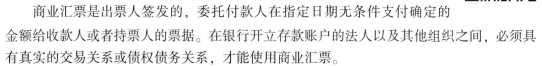

商业汇票按是否计息,分为带息商业汇票和不带息商业汇票。带息商业汇票是指在商业汇票到期时,承兑人必须按票面金额加上应计利息向收款人或被背书人支付票款的票据;不带息商业汇票是指商业汇票到期时,承兑人只按票面金额(即面值)向收款人或被背书人支付票款的票据。

商业汇票按承兑人不同,分为商业承兑汇票和银行承兑汇票。商业承兑汇票由银行以外的付款人承兑,银行承兑汇票由银行承兑。商业承兑汇票的出票人为在银行开立存款账户的法人以及其他组织,并与付款人具有真实的委托付款关系,具有支付汇票金额的可靠资金来源;银行承兑汇票的出票人必须是在承兑银行开立存款账户的法人以及其他组织,并与承兑银行具有真实的委托付款关系,资信状况良好,具有支付汇票金额的可靠资金来源。

银行承兑汇票一式三联。第一联银行留存,第二联付款方拿回后给收款方,第三联出票人留存根。商业承兑汇票样式如图4-14所示。

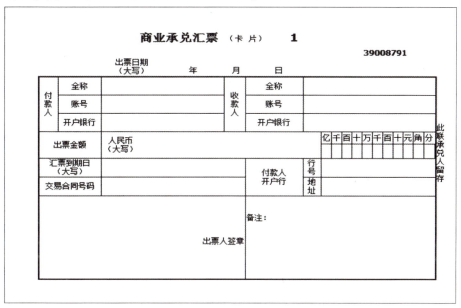

(a)

图4-14 商业承兑汇票样式

(a)第一联

商业承兑汇票　　2

39008791

出票日期（大写）　　年　　月　　日

付款人	全称		收款人	全称	
	账号			账号	
	开户银行			开户银行	
出票金额		人民币（大写）			亿 千 百 十 万 千 百 十 元 角 分
汇票到期日（大写）			付款人开户行	行号	
交易合同号码				地址	
本汇票已经承兑，到期无条件支付票款。 承兑人签章 承兑日期　　年　　月　　日			本汇票请予以承兑于到期日付款 出票人签章		

此联持票人开户行随托收凭证寄付款人开户行作借方凭证附件

(b)

商业承兑汇票（存 根）　　3

39008791

出票日期（大写）　　年　　月　　日

付款人	全称		收款人	全称	
	账号			账号	
	开户银行			开户银行	
出票金额		人民币（大写）			亿 千 百 十 万 千 百 十 元 角 分
汇票到期日（大写）			付款人开户行	行号	
交易合同号码				地址	
备注					

此联由出票人存查

(c)

被背书人	被背书人	被背书人
背书 年　月　日	背书 年　月　日	背书 年　月　日

（贴粘单处）

(d)

图 4－14　商业承兑汇票样式（续图）

(b) 第二联；(c) 第三联；(d) 商业承兑汇票背面

2. 商业汇票的承兑

（1）商业承兑汇票可以由付款人签发并承兑，也可以由收款人签发交由付款人承兑。银行承兑汇票应由在承兑银行开立存款账户的存款人签发。

（2）商业汇票可以在出票时向付款人提示承兑后使用，也可以在出票后先使用再向付款人提示承兑（提示：承兑是指持票人向付款人出示汇票，并要求付款人承诺付款的行为。定日付款或者出票后定期付款的商业汇票，持票人应当在汇票到期日前向付款人提示承兑。见票后定期付款的汇票，持票人应当自出票日起 1 个月内向付款人提示承兑。汇票未按照规定期限提示承兑的，持票人丧失对其前手的追索权）。商业汇票的付款人接到出票人或持票人向其提示承兑的汇票时，应当向出票人或持票人签发收到汇票的回单，记明汇票提示承兑日期并签章。付款人应当在自收到提示承兑的汇票之日起 3 日内承兑或者拒绝承兑。

（3）付款人拒绝承兑的，必须出具拒绝承兑的证明。付款人承兑汇票后，应当承担到期付款的责任。付款人承兑商业汇票，不得附有条件；承兑附有条件的，视为拒绝承兑。

3. 商业汇票的付款

（1）商业汇票的付款期限，最长不得超过 6 个月。定日付款的汇票付款期限自出票日起计算，并在汇票上记载具体的到期日。

（2）商业汇票的提示付款期限，自汇票到期日起 10 日内。持票人应在提示付款期限内通过开户银行委托收款或直接向付款人提示付款。

（3）银行承兑汇票的出票人于汇票到期日未能足额交存票款时，承兑银行除凭票向持票人无条件付款外，对出票人尚未支付的汇票金额按照每天万分之五计收利息。

4. 商业汇票的贴现

贴现是指票据持票人在票据到期前为获得现金向银行贴付一定利息而发生的票据转让行为。通过贴现，贴现银行获得票据的所有权。

（1）贴现条件。商业汇票的持票人向银行办理贴现必须具备下列条件：是在银行开立存款账户的企业法人以及其他组织；与出票人或者直接前手之间具有真实的商品交易关系；提供与其前手之间进行商品交易的发票和商品发运单据复印件。

（2）贴现利息的计算。贴现的期限从其贴现之日起至汇票到期日止。实付贴现金额按票面金额扣除贴现日至汇票到期前 1 日的利息计算。承兑人在异地的，贴现的期限以及贴现利息的计算应另加 3 天的划款日期。

（3）贴现的收款。贴现到期，贴现银行应向付款人收取票款。不获付款的，贴现银行应向其前手追索票款。贴现银行追索票款时可从贴现申请人的存款账户直接收取票款。

二、商业汇票结算流程

1. 商业承兑汇票结算流程

（1）签发商业承兑汇票并将承兑后的汇票交给收款人。商业承兑汇票可以由付款人签发并承兑，也可以由收款人签发，交由付款人承兑。

注意事项：表明"商业承兑汇票"的字样、无条件支付的委托、确定的金额、付款人名称、收款人名称、出票日期和出票人签章。出票人签章为该单位的财务专用章或者公章，加其法定代表人或其授权代理人的签名或者盖章。

（2）提示付款。持票人应在提示付款期限内通过开户银行委托收款或直接向付款人提示付款。持票人未按规定期限提示付款的，在做出说明后，承兑人或者付款人仍应当继续对持票人承担付款责任。

（3）持票人开户银行向付款人开户银行发出委托收款的商业承兑汇票。

（4）付款人开户银行将商业承兑汇票留存，并及时通知付款人。

（5）付款人收到开户银行的付款通知后，应在当日通知银行付款。付款人在接到通知日的次日起3日内（遇法定休假日顺延，下同）未通知银行付款的，视同付款人承诺付款。若付款人提前收到由其承兑的商业承兑汇票，则应通知开户银行于商业承兑汇票到期日付款。付款人存在合法抗辩事由拒绝支付的，应自接到通知日的次日起3日内，作成拒绝付款证明送交开户银行，银行将拒绝付款证明和商业承兑汇票邮寄给持票人开户银行并由其转交持票人。

（6）付款人开户银行将票款划给持票人开户银行。

（7）持票人开户银行应于汇票到期日前将票款划给持票人。

2. 银行承兑汇票结算流程

（1）出票人存入保证金到指定账户，并持增值税专用发票复印件、购销合同复印件到开户银行提出申请。

（2）出票并承兑。银行信贷部门负责按照有关规定和审批程序，对出票人的资格、资信、发票日期是否在合同日期后、金额、公司名称、保证金及期限、购销合同和汇票记载的内容等进行认真审查，必要时可由出票人提供担保。银行审核申请人资格后，由银行客户经理签字，然后由出纳人员审核、财务主管签字。符合规定和承兑条件的，与出票人签订承兑协议。银行承兑汇票的承兑银行，应按票面金额向出票人收取万分之五的手续费。银行经办人员需要在承兑汇票上盖汇票专用章、银行经办人签章和复核签章。

（3）出票人将承兑后的银行承兑汇票第二、三联拿回。其中，第二联给收款方，第三联留存。

（4）提示付款。持票人在商业汇票到期时提前10天到银行办理托收（委托收款）。

（5）持票人开户银行向付款人开户银行发出委托收款的银行承兑汇票。

（6）付款人开户银行将银行承兑汇票留存，承兑银行应在汇票到期日或到期日后的见票当日支付票款，将票款划给持票人开户银行。银行承兑汇票的承兑银行存在合法抗辩事由拒绝支付的，应自接到银行承兑汇票的次日起3日内，作成拒绝付款证明，连同银行承兑汇票邮寄给持票人开户银行转交持票人。

（7）持票人开户银行将票款划给持票人。

三、商业汇票结算的账务处理

1. 付款人账务处理

（1）付款方出纳人员在获得承兑汇票时，需要在应付票据备查登记簿上予以登记。同时，制证员在收到出纳人员传来的商业承兑汇票第一联或银行承兑汇票第二联复印件时，需要编制如下会计分录：

借：材料采购等
　　贷：应付票据

（2）承兑汇票到期，出纳人员将收到银行转来的托收凭证第五联（付款通知）交给制证员编制记账凭证。其会计分录如下：

借：应付票据
　　贷：银行存款

（3）承兑汇票到期，如果付款人账户余额不足以支付，则会计人员需要编制如下会计分录：

①商业承兑汇票需要编制如下会计分录：

借：应付票据
　　贷：应付账款

②银行承兑汇票需要编制如下会计分录：

借：应付票据
　　贷：短期借款

2. 收款人账务处理

（1）收款方的出纳人员根据审核无误的银行承兑汇票登记应收票据备查簿，同时将票据传递给制证员。其会计分录如下：

借：应收票据
　　贷：主营业务收入等

（2）出纳人员根据银行转来的托收凭证第四联登记银行存款日记账和应收票据备查簿。同时，将托收凭证第四联传递给制证员。其会计分录如下：

借：银行存款
　　贷：应收票据

任务解析

（1）日照德信有限公司的出纳人员李磊该如何按要求开具银行承兑汇票？

李磊在开具银行承兑汇票时应进行如下操作：

①持增值税专用发票抵扣联和发票联复印件及合同复印件到银行申请开具银行承兑汇票。

②银行出票并承兑。

③将银行承兑汇票第二、三联拿回。

④传递凭证。

（2）日照德信有限公司的出纳人员李磊收到银行承兑汇票后，该如何处理？

李磊需进行如下操作：

①在票据到期前10天内提示付款。

②票据到期日，将银行转来的委托收款的托收凭证第四联交给制证员。

③登记银行存款日记账和应收票据备查簿。

任务七　汇　兑

任务导入

2016年3月18日，日照德信有限公司购买济南顺达贸易股份有限公司的办公桌一批，货款为23 400元，如何通过汇兑进行业务处理？

本节内容

一、汇兑概述

1. 汇兑的概念

汇兑是汇款人委托银行将其款项主动支付给收款人的结算方式。

单位和个人异地之间的各种款项的结算，均可使用汇兑结算方式。

汇兑结算方式主要适用于预付款、清偿欠款和建立临时采购专户等。

与本书的其他结算方式相比较，此种结算方式简便、灵活。但随着电子转账系统的不断发展，汇兑这种结算方式或许会逐渐淡出人们结算方式选择的范围。

2. 汇兑的种类

汇兑的种类分为信汇与电汇两种。信汇是指由汇款人将款项委托银行以邮寄的方式，汇给收款人所在地的银行，由银行解付汇款的结算方式；电汇是指由汇款人委托汇出银行以拍发电报的方式通知异地的汇入银行将款项支付给收款人的结算方式。电汇凭证样式如

图 4-15 所示。

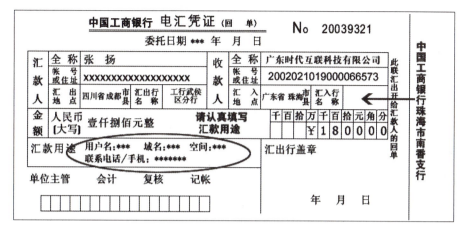

图 4-15 电汇凭证样式

3. 汇兑的特点

汇兑适用范围广、手续简单易行、灵活方便。其特点如下：

（1）汇兑没有金额起点的限制。

（2）汇兑属于汇款人向异地主动付款的一种结算方式，广泛地用于先汇款后发货的结算交易。

（3）汇兑除了适用于单位之间的款项划拨外，也可以用于单位对异地的个人支付款项，如退休工资、医药费等。

（4）汇兑手续简单易行，无论是单位还是个人都很容易办理。

二、汇兑流程

（1）签发汇兑凭证（汇款通知书），同时填写转账支票。

（2）汇款人到银行签发汇兑凭证，在汇兑凭证上必须记载下列事项：

①表明"信汇"或"电汇"的字样。

②无条件支付的委托，即汇款人对汇款不得有任何限制付款的条件。

③确定的金额。

④收款人名称。

⑤汇款人名称。

⑥汇入地点、汇入行名称。

⑦汇出地点、汇出行名称。

⑧委托日期，指汇款人向汇出银行提交汇兑凭证的当日。

⑨汇款人签章（或签名）。

欠缺上述记载事项之一的，银行不予受理。

（3）汇出银行受理汇兑凭证，经审查无误后，向汇款人签发汇款回单。

（4）收款人收到银行的到款通知书后记账。

办理汇兑业务需要注意以下事项：

①汇款人办理汇款业务后，应及时向银行索取汇款回单。

②对于在银行开立存款账户的收款人，汇入银行将款项直接汇入收款人账户，并发出收款通知。

③汇款人和收款人均为个人时，需要在汇入银行支取现金，且应在信汇、电汇凭证的"汇款金额"大写栏，填写"现金"字样后，再填写汇款金额。

④转汇的，应由原收款人向银行填制信汇或电汇凭证，并加盖"转汇"戳记。汇款人确定不得转汇的，应在汇兑凭证"备注"栏填明"不得转汇"字样。

⑤汇款人对汇出银行尚未汇出的款项可以申请撤销。申请撤销时，应出具正式函件或本人身份证件及原信汇或电汇回单。

未在银行开立存款账户的收款人，凭信汇或电汇的取款通知（或留行待取的），向汇入银行支取款项。支取款项时，必须交验本人身份证件，并在信汇或电汇凭证上注明证件名称、号码及发证机关，同时要在"收款人签章"处签章。

三、汇兑的撤销和退款

1. 汇兑的撤销

汇款人对于汇出银行尚未汇出的款项可以申请撤销。申请撤销时，应该出具正式函件或本人身份证件，以及原信汇或电汇回单。汇出银行查明确未汇出款项的，收回原信汇或电汇回单，这样方可办理撤销。

2. 汇兑的退汇

汇款人对汇出银行已经汇出的款项可以申请退汇。转汇银行不得受理汇款人或汇出银行对汇款的撤销或退汇。

对在汇入银行开立存款账户的收款人，由汇款人与收款人自行联系退汇；对未在汇入银行开立存款账户的收款人，汇款人应该出具正式函件或本人身份证件，以及原信汇或电汇回单，由汇出银行通知汇入银行，经汇入银行核实汇款确未支付的方可办理退汇。汇入银行对收款人拒绝接受的汇款，立即办理退汇。汇入银行对于向收款人发出取款通知，经过2个月无法交付的汇款，应主动办理退汇。

任务解析

（1）到银行办理电汇，填写银行电汇凭证，样式如图4-16所示。同时填写转账支票，样式如图4-17所示。

（2）将银行电汇凭证图单传递给制证员，制作付款凭证。

付款凭证样式如图4-18所示。

（3）登记银行存款日记账。

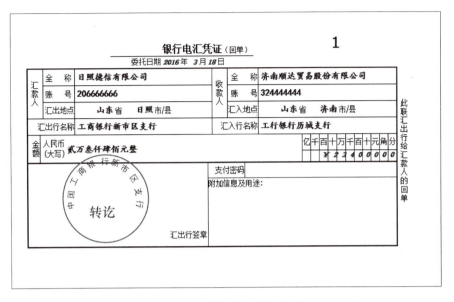

图 4-16 银行电汇凭证样式

图 4-17 转账支票样式

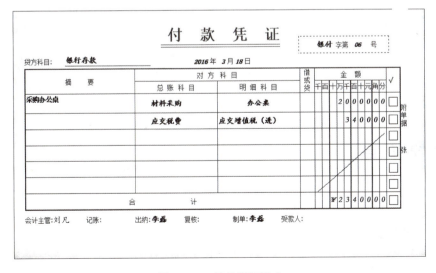

图 4-18 付款凭证样式

任务八 委托收款

任 务 导 入

2015年4月28日,日照德信有限公司销售给济南顺达贸易股份有限公司一批汽配材料,并开具了增值税专用发票(图4-19),货物已经发出,出纳人员李磊于4月28日到银行办理委托收款。该如何办理?

图4-19 增值税专用发票

本节内容

一、委托收款概述

1. 委托收款的概念

委托收款是指收款人委托银行向付款人收取款项的结算方式。单位和个人凭已承兑的商业汇票、债券、存单等付款人债务证明办理款项的结算,均可以使用委托收款结算方式。

2. 委托收款的适用范围

委托收款是一种方便灵活、使用广泛的结算方式。这种方式不受金额起点的限制，也不受地区限制，同城异地都可使用。

凡在银行或其他地方办理结算业务的金融机构开立的企、事业单位和个人经济户，办理商品交易、劳务费用及其他应收款结算时均可采用委托收款的方式。在银行废止同城托收无承付结算方式后，对信用状况良好的企业，可以改用委托收款。城镇公共事业单位的水费、邮电费、煤气费等结算，也可以采用委托收款方式进行。

二、委托收款流程

（1）收款人凭债务证明办理银行委托收款。

（2）签发委托收款凭证。委托收款凭证必须记载的事项包括：表明"委托收款"的字样、确定的金额、付款人名称、收款人名称、委托收款凭据名称及附寄证张数、委托日期和收款人签章。

（3）委托。需提交委托收款凭证和有关债务证明。

（4）银行核实后将债务证明交给付款人。

（5）付款人通知银行付款或办理拒绝付款手续。

委托收款流程如图4-20所示。

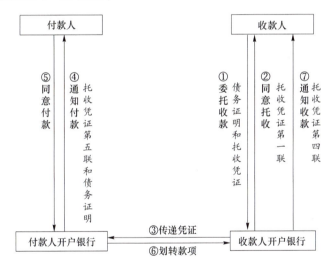

图4-20 委托收款流程

任务解析

（1）需要持增值税发票复印件到银行办理委托收款，填制一张一式五联的托收凭证，并由印鉴管理人员在第二联收款人处盖章。

（2）办理完毕后，将银行审查受理并加盖银行业务受理章的第一联即托收凭证受理回单传递给制证员。托收凭证（受理回单）样式如图4-21所示。

（3）收到款项后，登记银行存款日记账。

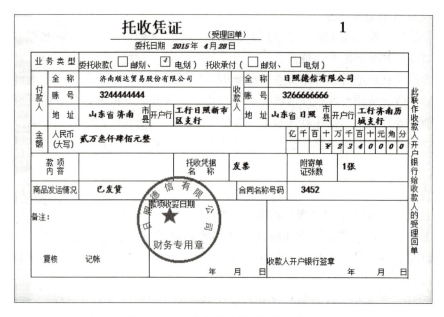

图4-21 托收凭证（受理回单）样式

任务九 托收承付

任务导入

2015年4月28日，日照德信有限公司销售给济南顺达贸易股份有限公司一批汽配材料，并开具了增值税专用发票，货物已经发出。4月30日，出纳人员李磊该如何办理托收承付？

本节内容

一、托收承付概述

托收承付是根据购销合同由收款人发货后委托银行向异地付款人收取款项，由付款人向银行承认付款的结算方式。

根据最新的《支付结算办法》的规定，托收承付结算每笔的金额起点为1万元，新华书店系统每笔的金额起点为 1 000 元。这一规定对原托收承付的金额起点 10 万元做了改变。结算款项划回可用邮寄或电报两种方式。

2. 托收承付的适用范围

《支付结算办法》规定，托收承付的适用范围是：

（1）使用该结算方式的收款单位和付款单位，必须是国有企业、供销合作社以及经营较好、并经开户银行审查同意的城乡集体所有制工业企业。

（2）办理结算的款项必须是商品交易以及因商品交易而产生的劳务供应款项。代销、寄销、赊销商品款项，不得办理托收承付结算。

《支付结算办法》规定，办理托收承付，除符合以上 2 个条件外，还必须具备以下 3 个前提条件：

（1）收、付双方使用托收承付必须签有符合《中华人民共和国经济合同法》的购销合同，并在合同中注明使用异地托收承付结算方式。

（2）收款人办理托收，必须具有商品确已发运的证件。

（3）收、付双方办理托收承付，必须重合同、守信誉。

根据《支付结算办法》规定，收款人对同一付款人发货托收累计 3 次收不回货款的，收款人开户银行应暂停收款人向付款人办理托收；付款人累计 3 次提出无理拒付的，付款人开户银行应暂停其向外办理托收。

3. 承付的方式

承付是指购货单位（即付款人）在承付期限内，向银行承认付款的行为。

承付方式有两种，即验单承付和验货承付。

验单承付是指付款人接到其开户银行转来的承付通知和相关凭证，并与合同核对相符后，必须承认付款的结算方式。验单承付的承付期为 3 天，从付款人开户银行发出承付通知的次日算起，遇假日顺延。

验货承付是指付款人除了验单外，还要等商品全部运达并验收入库后才承付货款的结算方式。验货承付的承付期为 10 天，从承运单位发出提货通知的次日算起，遇假日顺延。

付款人若在验单或验货时发现货物的品种、规格、数量、质量、价格等与合同规定的不符，则可在承付期内提出全部或部分拒付的意见。拒付款项需填写《拒绝承付理由书》，送交其开户银行，由其审查并办理拒付手续。应注意，拒付货款的商品是对方所有，必须妥善为其保管。付款人在承付期内未向开户银行提出异议，银行作默认承付处理，在承付期满的次日上午将款项主动从付款人账户划转到收款人账户。

付款人在承付期满后，如果其银行账内没有足够的资金承付货款，那么其不足部分作延期付款处理。延期付款部分要按一定比例支付给收款人赔偿金。待付款人账内有款支付时，由付款人开户银行将欠款及赔偿金一并划转给收款人。

二、托收承付流程

托收承付流程如图 4-22 所示。其具体流程如下：

（1）收款人正确填写托收承付凭证，并在第二联收款人盖章处加盖预留银行印鉴。

签发托收承付凭证必须记载的事项包括：表明"托收承付"的字样、确定的金额、付款人名称及账号、收款人名称及账号、付款人开户银行名称、收款人开户银行名称、托收附寄单张数或册数、合同名称及号码、委托日期和收款人签章。托收承付凭证上欠缺上述事项之一的，银行不予受理。

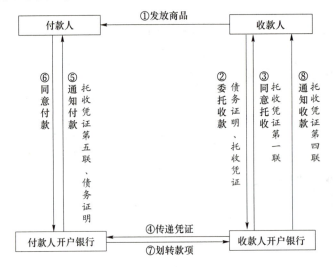

图4-22 托收承付流程

（2）收款人办理托收。

（3）银行间传递凭证。

（4）付款人开户银行通知付款人付款。

（5）付款人承付或拒绝承付。

（6）供应部门会同财务部门认真仔细地审查托收承付结算凭证及发运单证和交易单证，看其价格、金额、合同、规格、质量、数量等是否符合双方签订的合同的规定，付款人还应将有关单证和实际收到货物做进一步核对，以签发处理意见。

（7）银行间划转款项。

（8）收款人开户银行通知收款人收款。

任务十 信用卡结算

任务导入

2016年5月18日，日照德信有限公司想办理一张单位信用卡，请问如何进行办理，办理过程中要注意哪些问题？

本节内容

一、信用卡结算概述

1. 信用卡概念

信用卡是银行、金融机构向信誉良好的单位、个人提供的,能在指定的银行提取现金,或在指定的商店、饭店、宾馆等购物和享受服务时进行记账结算的一种信用凭证。其基本形式是一张附有证明的卡片,通常用特殊塑料制成,其标准为:卡片长 85.72 mm,宽 53.975 mm,厚 0.762 mm(国内标准与国际标准一致),上面印有发行银行的名称、有效期、号码和持卡人姓名等内容。

2. 信用卡的申请

凡是申请办理信用卡的单位和个人,都应向发行信用卡的银行填交信用卡申请书。填写申请书时,应详细写明申请单位和持卡人的姓名、年龄、地址、单位财产及负债情况,持卡人的职业、职务等,送发卡行审查。

对收到的申请书,发卡行应对其项目、内容进行认真审查,并通过打电话或写信等方式向申请人的单位或有关银行证实申请人的职业、收入、信誉等情况,并向担保人说明担保责任。经审查符合发卡条件并批准发卡的,应向申请人发出信用卡通知书(以下简称"通知书"),通知申请人到发卡行办理开户手续。

申请人办理开户手续,首先应交存信用卡存款,其次应缴纳年费,有时还需交存一定的保证金。

申请人交存信用卡存款,用转账结算的填制一式两联进账单;用现金交存的填制两联现金交款单。

信用卡的年费,10 元至 100 元不等,各发卡银行有不同的规定。缴纳年费时,可填制一式三联结算业务收款凭证,填明缴纳的年费金额。

申请人按规定填制进账单或现金交存单(用来交存信用卡存款和保证金)和结算业务收费凭证后,应将根据交存的信用卡存款、缴纳的年费和交存的保证金的总金额填制的转账支票或应缴纳的现金,连同申请人的身份证、信用卡通知书一并交给发卡银行信用卡部。信用卡部按规定进行认真的审查,如支票与进账单的填写内容是否正确,支票或现金与进账单或现金交款单和结算业务收费凭证的金额是否一致,支票是否在有效期内等。审核无误后,在第一联进账单或现金交款单和第三联结算业务收费凭证上加盖"转讫"章和现金"收讫"章,然后连同身份证退回申请人,通知其在若干天内到信用卡部凭回单及身份证领取信用卡。持卡人领到信用卡后,应立即在卡的背面签上本人习惯的签名式样,签名后不得涂改。

3. 信用卡的使用规定

按照中国人民银行颁布的《信用卡业务管理办法》及各银行的具体规定,信用卡的使用有以下几条基本规定:

(1)单位卡必须在卡面左下方的左边凸印"DWK"字样,在"DWK"字样的右边凸印持卡人姓名（拼音）。

（2）单位或个人领取信用卡，应按规定向发卡银行交存备用金。

（3）单位卡持卡人不得凭信用卡在异地和其领卡城市范围内银行网点及自动柜员机上提取现金。

（4）允许持卡人在本办法规定的限额和期限内进行消费用途的透支，透支限额为金卡1万元，普通卡5 000元。信用卡的透支期限最长为60天。

（5）持卡人可持信用卡在特约单位购物消费。单位卡不得用于10万元以上的商品交易、劳务供应款项的结算。单位卡持卡人违反本办法规定用于10万元以上商品交易、劳务供应款项结算的，对其处以5万~10万元罚款。

（6）信用卡遗失或被盗，持卡人应立即持本人身份证或其他有效证明，就近向发卡银行或代办银行申请挂失，并按规定提供有关情况，办理挂失手续。

各银行对其发行的信用卡都有自己的规定。

4. 信用卡结算的特点

（1）方便。可以凭卡在全国各大城市的有关银行提取、存入现金，在同城、异地的特约单位，如商场、饭店、宾馆等，进行购物和消费。

（2）通用。它可用于支取现金，进行现金结算，也可以办理同城、异地的转账业务，代替支票、汇票等结算工具，具有银行户头的功能。

二、信用卡业务的账务处理

单位申请人对于应交信用卡存款，凭银行盖章退回的第一联进账单或现金交款单编制银行存款或现金付款凭证，其会计分录如下：

借：其他货币资金——信用卡存款
　　贷：银行存款和库存现金

对于缴纳的年费，按照银行盖章退回的结算业务收费凭证编制银行存款或现金付款凭证，其会计分录如下：

借：财务费用
　　贷：银行存款和库存现金

单位持卡人在取得信用卡后，可用于支付差旅费和采购零星物品，可在发卡银行各地约定的饭店、宾馆、商店等单位记账付款，也可凭卡在发卡银行各地分支机构提取一定数额的现金。

持卡人持卡在特约单位购物或直接消费时，应向特约单位收款员出示本人身份证和信用卡。特约单位在销货或提供服务时，填制一式四联直接购货签购单，第一联为持卡人存根，第二联为发卡银行信用卡部存根，第三联为代理存根，第四联为特约单位存根。收款员对持卡人出示的信用卡进行审查，包括：信用卡是否在有效期内，是否已经支付，与身份证是否相符等，核对无误后，请持卡人在签购单上签名，签名式样必须与信用卡背面预留签名一致，盖章后将第一联签购单退还给持卡人，如需开发票，则由收款人另开发票交持卡人。

持卡人凭特约单位退回的签购单第一联和发票等原始凭证回单位报销,财务部门据此编制转账凭证,其会计分录如下:

借:在途物资
　　贷:其他货币资金——信用卡存款

任务解析

(1)日照德信有限公司为本单位申领牡丹公司卡主卡一张、附属卡一张,用转账支票存入信用卡存款20 000元。另交年费22元,财务部门根据银行盖章退回的进账单和结算业务收费凭证编制银行存款付款凭证,其会计分录如下:

借:其他货币资金——信用卡存款　　　　　　　　　　　20 000
　　财务费用　　　　　　　　　　　　　　　　　　　　　　22
　　贷:银行存款　　　　　　　　　　　　　　　　　　　20 022

对于存入保证金,按照银行盖章退回的进账单和现金交款单编制银行存款或现金付款凭证,其会计分录如下:

借:其他应收款——存入保证金
　　贷:银行存款和库存现金

(2)日照德信有限公司业务员王某持信用卡主卡到某城市出差,在指定宾馆用信用卡支付住宿费800元,在指定商店购买商品2 000元。王某回单位报销相关费用。财务部门根据签购单和发票等编制转账凭证,其会计分录如下:

借:在途物资　　　　　　　　　　　　　　　　　　　　2 000
　　管理费用　　　　　　　　　　　　　　　　　　　　　800
　　贷:其他货币资金——信用卡存款　　　　　　　　　　2 800

任务十一

信用证结算

任务导入

日照德信有限公司与国外公司进行交易,需要出纳人员李磊到银行开具信用证,请问李磊应如何办理该业务?

本节内容

一、信用证结算概述

1. 信用证的概念

在国际贸易活动中,买卖双方可能互不信任,买方担心预付款后,卖方不按合同要求发货;卖方也担心在发货或提交货运单据后买方不付款。因此,需要两家银行作为买卖双方的保证人,代为收款交单,以银行信用代替商业信用。银行在这一活动中,所使用的工具就是信用证。

信用证是一种开证银行根据申请人(进口方)的要求和申请,向受益人(出口方)开立的有一定金额、在一定期限内凭汇票和出口单据,在指定地点付款的书面保证。

信用证是开证银行向受益人做出的付款承诺,使受益人有了收款的保障,因此是对受益人有利的支付方式。但是,受益人只有在按信用证规定提供了信用证要求的单据时才能得到款项。因此,信用证是银行的有条件的付款承诺。

2. 信用证的种类

信用证可以从不同的角度进行分类,其中主要有以下5类。

(1)根据是否有货运单据,信用证可以分为跟单信用证和光票信用证两种。

(2)根据开证银行对信用证所负的责任不同,信用证可以分为不可撤销信用证和可撤销信用证。

(3)根据有没有另一家银行加以保证兑付,信用证可以分为保兑信用证和不保兑信用证。

(4)根据付款时间的不同,信用证可以分为即期信用证、远期信用证和延期付款信用证。

(5)根据受益人对信用证的权利是否可以转让,信用证可以分为可转让信用证和不可转让信用证。

3. 信用证结算的特点

信用证结算有以下3个特点。

(1)不依附于买卖合同,银行在审单时强调的是信用证与基础贸易相分离的书面形式上的认证。

(2)信用证是凭单付款,不以货物为准。只要单据相符,开证银行就应无条件付款。

(3)信用证是一种银行信用,是银行的一种担保文件。

二、信用证结算流程

1. 开证

进口企业与国外出口商签订进口合同后,应当按照合同规定的时间向银行申请开立信用证。如合同规定是在出口方确定交货期后开证,则进口企业应在接到出口方的开证通知后开证;如合同规定在出口方领到出口许可证和支付履约保证金后开证,则进口企业应在收到出口商已领到出口许可证的通知，或接到银行已收到履约保证金的通知后开证。

进口企业向银行申请开立信用证，需填制开证申请书。开证申请书是进口企业委托银行开证的委托书，也是银行开立信用证的依据。进口企业应按照交易合同认真、逐项地填写开证申请书的如下基本内容：

(1) 受益人（即出口商）的名称、地址。
(2) 信用证金额和币别。
(3) 信用证的有效期，一般应迟于或者与最迟装运期相同。
(4) 进口货物状况，包括货物的名称、数量、规格、型号、产地、包装和码头等。
(5) 起运港、目的港。
(6) 装运期以及是否允许分批装运和转运。
(7) 受益人应当提供的单据的名称以及份数。
(8) 交易合同编号、申请开证日期、开证方式等。
(9) 申请人应承担的责任，这一般在申请书中印定。
(10) 特别条款。
(11) 其他相关内容。

进口企业应严格按照交易合同规定填写开证申请书，务必做到明确和一致。所谓明确，是指开证申请书措辞必须非常清楚，不能含糊不清、模棱两可；所谓一致，是指开证申请书的各项内容之间必须相互一致。只有开证申请书的各项内容明确、一致，银行才能据以开具信用证。进口企业按规定填制完开证申请书并加盖单位公章后，应连同进口合同副本一并送交银行，如进口的商品属于国家规定限制进口的，那么进口企业必须提供有关部门的批文或进口许可证。

银行收到进口企业交来的开证申请书后，首先对进口企业的资格进行审查，看其是否有经营进口业务权；其次，对进口商品进行审查，看是否是国家限制进口的商品，如果是，则应进一步审查开证申请书中列明的商品名称、数量等是否与批文或进口许可证相一致。审核无误的才能给予办理开证。开证银行为申请人开立信用证，事实上就是向受益人做出了付款保证，即只要受益人按规定交来相符单据，不管进口企业是否有能力付款，银行都将立即付款。银行做此承诺的前提是进口企业保证偿付货款，否则银行是不会提供这样的承诺的。进口企业偿付货款的保证之一是信用证项下的货物，进口企业声明万一自己无力支付货款，开证银行可以自行处理货物。但光有货物保证是不够的，因为处理货物本身也需要支付一定的费用，而且如果货物缺乏市场，那么银行就会遭受更大的损失。因此，银行为了保障自身的资金安全，除了通过货运单据（如运输单据的抬头由开证银行规定）来控制货物外，还要求进口企业提供一定的担保。担保的方法可以是以现金、动产或不动产作抵押，也可以由第三方（有时是另一家银行）提供保函。具体可以有如下几种基本方法：

(1) 收取开证保证金，对于其在开证银行没有存款，也没有贷款关系的，开证银行通常要求其提供全额现款保证金。
(2) 凡是在开证银行有存款的，以其存款为保证的，开证银行将一定比例存款转入保证金账户作为开证保证金。
(3) 以定期存单等为开证保证的，在办理完背书转让手续后开证。

（4）进口企业在开证银行无存款，也没有贷款关系的，但能提交其他银行（如其存款银行、贷款银行等）提供的保函的，开证银行也给予开证。

（5）如果进口企业资信良好，有经常性的较大的出口业务的，则可以以其收到的出口信用证作为抵押来申请办证，当然前提是出口信用证金额大于进口金额，并且信用证中有效期早于付款时间。

（6）对于在开证银行有较大量存款，或者与开证银行有贷款关系的进口企业，银行认为信用良好并能加以控制的，可以免收押金。

进口企业将开证申请书送交开证银行并按规定缴纳保证金和开证费用后，银行即办理开证手续，编制信用证，并由银行有权签字人签字，发往国外通知银行，并由其通知受益人，同时将一份信用证副本交给进口企业。

受益人（即国外出口商）收到信用证后，经审查认为有需要修改之处，即通知进口企业，进口企业同意后，填制信用证修改申请书，具体说明需要修改的内容，如装运期、装运港口、目的港、有效期、信用证金额等，向银行申请修改信用证。如需增加信用证金额，那么按规定应增加保证金金额的，进口企业应缴纳增加部分保证金。另外，修改信用证需向银行支付一定的修改费，企业也应按规定缴纳。进口企业缴纳增加保证金和修改费用的会计处理办法与支付开证保证金和开证费相同。如果修改费由受益人支付，则应在修改申请书中注明。

银行收到进口企业的修改申请书后，按规定进行审核，审核无误后办理改证手续，收取增加的保证金和修改费，编制信用证修改通知书，经有权签字人签字后递交通知银行，由其通知受益人，并同样应将一份副本交进口企业。

2. 按货物投保

如果合同中规定实行 FOB 等交货条件的，那么进口企业应负责派船到对方指定口岸接运货物，并办理货物运输保险，进口企业应当按照合同规定租船订舱，办理保险，支付国外运费和保险费。

3. 审单付款

国外出口商发货后，按规定将全套单据送议付银行，由议付银行寄交国内开证银行。开证银行对单据进行初步审核，认为单证相符、单单相符的，即编制结汇通知书，连同全套单据送进口企业签收，提示付款或承兑；如银行审核时发现有单证不符、单单不符之处，则应在结汇通知书中注明，以便进口企业决定是否接受单据。进口企业接到开证银行的结汇通知书及全套单据后，应在 3 个工作日内根据企业留存的信用证副本及信用证修改通知书副本对单据进行全面审查，审核无误后即通知银行确认付款或承兑，并办理购汇付款手续。如果经过审查，认为单证不符、单据不符拒绝付款或承兑，也应在 3 个工作日内退回全套单据并注明拒付的理由。如果 3 个工作日内没有通知银行，那么银行即认为企业已接受单据同意付款或承兑。

4. 报关、验收

进口货物到货后，进口企业应按进口单据填制《进口货物报关单》向海关申报，随附发票、提单和保险单等，并按规定向海关缴纳进口关税和进口增值税。

海关放行后，进口货物即可到达港口卸货，并进行验收核对，核对无误即可拨交给进口企业，如发现有短缺、残损等，则应由港务局、出入境检验检疫局等出具有关检验文件，在索赔期限向船方、保险公司和出口商提出索赔。

三、信用证业务的账务处理

1. 付款人账务处理

（1）付款人（进口企业）向银行申请开具信用证，并向银行缴纳保证金时，根据银行盖章退回的进账单第一联，做会计分录如下：

借：其他货币资金——信用证保证金
　　贷：银行存款

（2）收到银行转来的境外销货单位信用证结算凭证以及所附发票账单、海关进口增值税专用缴款书等有关凭证时，做会计分录如下：

借：原材料
　　应交税费——应交增值税（进项税额）
　　贷：其他货币资金——信用证保证金

（3）收到银行收款通知，退回信用证余款时，做会计分录如下：

借：银行存款
　　贷：其他货币资金——信用证保证金

2. 收款人账务处理

（1）收款人（出口商）发货后，汇集全套单据向付款行和议付行交单，做会计分录如下：

借：应收账款
　　贷：主营业务收入

（2）银行审单相符后即支付货款，做会计分录如下：

借：银行存款
　　贷：应收账款

任务十二　银行存款的清查

任务导入

大学毕业生李磊初到日照德信有限公司财务部出纳岗位实习，第一天上班，会计主管安排他进行银行存款清查工作。请问李磊该如何进行银行存款清查？

本节内容

一、银行存款日记账的登记

银行存款日记账通常由出纳人员根据审核后的银行存款收款凭证和银行存款付款凭证，逐日、逐笔顺序登记。

若一个单位开设有若干银行存款账户，则应分别登记，便于与银行核对，也有利于银行存款的管理。

银行存款日记账的借方栏一般根据银行存款收款凭证登记，贷方栏一般根据银行存款付款凭证登记。

但对于现金送存银行，或从本单位其他存款户转入本存款户的银行存款的业务，规定只填制现金付款凭证或其他存款户的银行存款付款凭证，不再填制收款凭证，所以，对于将现金送存银行或从本单位其他存款户转入本存款户的银行存款收入数额，应根据现金付款凭证或本单位其他存款户的银行存款付款凭证，登记银行存款日记账的借方栏。

由于银行收款业务比较频繁，收付结算方式较多，因此，登记时必须按现金支票、转账支票、银行汇票、委托收款等不同的结算凭证字号登记清楚，以便与银行对账单进行核对，查明未达账项，编制银行存款余额调节表。

每次收付银行存款后，应随时结出银行存款的余额，至少将每日收付款项逐笔登记完毕后，计算出每日银行存款收入和支出的合计数及账面余额，以便于定期同银行送来的对账单核对，并随时检查、监督各种款项收付，避免因超过实有余额付款而出现透支。

二、银行存款的清查

银行存款的清查是采用与开户银行核对账目的方法进行的，即将本单位银行存款日记账的账簿记录与开户银行转来的对账单逐笔进行核对，来查明银行存款的实有金额。银行存款的清查一般在月末进行。

1. 核对银行存款日记账与银行对账单是否一致

对于银行存款日记账与银行对账单，如果二者余额相符，则通常说明没有错误；如果二者余额不相符，则可能是企业或银行一方或双方的记账过程有错误或者存在未达账项。

未达账项是指企业和银行之间，由于记账时间不一致而发生的一方已经入账，而另一方尚未入账的事项。未达账项一般分为以下4种情况：

（1）企业已收款记账，银行未收款、未记账的款项。
（2）企业已付款记账，银行未付款、未记账的款项。
（3）银行已收款记账，企业未收款、未记账的款项。
（4）银行已付款记账，企业未付款、未记账的款项。

上述任何一种未达账项的存在，都会使企业银行存款日记账的余额与银行开出的对账单的余额不符。所以，在与银行对账时首先应查明是否存在未达账项，如果存在未达账项，就应该编制《银行存款余额调节表》，据以调节双方的账面余额，确定企业银行存实有金额数。

2. 银行存款清查的步骤

银行存款的清查按以下4个步骤进行。

(1) 将本单位银行存款日记账与银行对账单,以结算凭证的种类、号码和金额为依据,逐日逐笔核对。凡双方都有记录的,用铅笔在金额旁打上记号"√"。

(2) 找出未达账项(即银行存款日记账和银行对账单中没有打"√"的款项)。

(3) 将银行存款日记账和银行对账单的月末余额及找出的未达账项填入《银行存款余额调节表》,并计算出调整后的余额。

(4) 将调整平衡的《银行存款余额调节表》,经主管会计签章后,呈报开户银行。

凡有多个银行户头以及开设有外币存款户头的单位,应分别按存款户头开设"银行存款日记账"。每月月底,应分别将各户头的银行存款日记账与各户头的银行对账单核对,并分别编制各户头的《银行存款余额调节表》。

《银行存款余额调节表》的编制,是以双方账面余额为基础,各自分别加上对方已收款入账而己方尚未入账的数额,减去对方已付款入账而己方尚未入账的数额。其计算公式如下:

企业银行存款日记账余额+银行已收企业未收款−银行已付企业未付款=银行对账单存款余额+企业已收银行未收款−企业已付银行未付款

3. 《银行存款余额调节表》的作用

(1)《银行存款余额调节表》是一种对账记录或对账工具,不能作为调整账面记录的依据,即不能根据《银行存款余额调节表》中的未达账项来调整银行存款账面记录,未达账项只有在收到有关凭证后才能进行有关的账务处理。

(2) 调节后的余额如果相等,则通常说明企业和银行的账面记录一般没有错误,该余额通常为企业可以动用的银行存款实有金额。

(3) 调节后的余额如果不相等,则通常说明一方或双方记账有误,需进一步追查,查明原因后予以更正和处理。

【例】收到开户银行转来的对账单,余额为67 000元,该公司银行存款日记账余额为59 650元,经逐笔核对,发现几笔未达账项:

(1) 12月27日,公司购买设备一台,开出转账支票8 200元,持票人尚未到银行兑现(银行未减)。

(2) 12月27日,银行收到外地汇款7 900元,已存入公司账户,公司尚未收到收款通知(企业未加)。

(3) 12月28日,银行代公司支付本月电话费1 200元,公司尚未收到付款通知(企业未减)。

(4) 12月29日公司预收货款,收到转账支票5 000元,送存银行,银行尚未入账(银行未加)。

(5) 12月30日,银行已从公司存款账户中扣掉公司应付的短期借款利息3 600元,公司尚未收到付息通知(企业未减)。

(6) 12月30日,发生银行存款收入1 050元,银行已入账公司尚未收到利息清单

（企业未加）。

根据以上账项可制得如表 4-1 所示的银行存款余额调节表。

表 4-1 银行存款余额调节表

项目	金额/元	项目	金额/元
银行存款日记账余额	59 650	银行对账单余额	67 000
加：银行已收，企业未收	（7 900 + 1 050）	加：企业已收，银行未收	5 000
减：银行已付，企业未付	（1200 + 3 600）	减：企业已付，银行未付	8 200
调节后的存款余额	63 800	调节后的存款余额	63 800

练 习 题

一、单项选择题

1. 根据《支付结算办法》的规定，签发票据时，可以更改的项目是（　　）。

　　A. 出票日期　　　　　　　　B. 收款人名称
　　C. 票据金额　　　　　　　　D. 签发用途

2. 某出票人于 10 月 20 日签发一张现金支票，根据《支付结算办法》的规定，对该支票"出票日期"中"月""日"的下列填发中，符合规定的是（　　）。

　　A. 拾月贰拾日　　　　　　　B. 零拾月零贰拾日
　　C. 壹拾月零贰拾日　　　　　D. 零壹拾月零贰拾日

3. 根据《人民币银行结算账户办理办法》的规定，存款人开立专用存款账户一定时间后，方可使用该账户办理付款业务。该一定时间是（　　）。

　　A. 自正式开立之日起 1 个工作日后
　　B. 自正式开立之日起 2 个工作日后
　　C. 自正式开立之日起 3 个工作日后
　　D. 自正式开立之日起 5 个工作日后

4. 根据《银行账户管理办法》的规定，企业支取现金用于工资、奖金发放，只能通过规定的银行账户办理，该银行账户是（　　）。

　　A. 一般存款账户　　　　　　B. 基本存款账户
　　C. 临时存款账户　　　　　　D. 专用存款账户

5. 根据支付结算法律制度的规定，下列有关汇兑的表述中，正确的是（　　）。

　　A. 汇兑每笔金额起点是 1 万元
　　B. 汇款回单可以作为该笔汇款已转入收款人账户的证明
　　C. 汇入银行对于向收款人发出取款通知，经过 1 个月无法交付的汇款，应主动办理退汇
　　D. 汇兑是汇款人委托银行将其款项支付给收款人的结算方式

6. 下列各项中，按照是否可以透支对银行卡进行分类的是（　　）。

A. 磁条卡与芯片卡　　　　　　　　B. 借记卡与信用卡
C. 单位卡与个人卡　　　　　　　　D. 贷记卡与准贷记卡

7. 下列说法中不正确的是（　　）。
   A. 个人银行卡账户可以出租、出借
   B. 临时存款账户的有效期限最长不得超过2年
   C. 单位银行卡账户的资金必须由其基本存款账户转账存入，该账户不得办理现金收付业务
   D. 财政预算外资金、证券交易结算资金、期货交易保证金和信托基金专用存款账户不得支取现金

8. 下列关于委托收款的特点的表述中，不符合法律规定的是（　　）。
   A. 委托收款在同城、异地均可以使用
   B. 办理委托收款应向银行提交委托收款凭证和有关的债务证明
   C. 以单位为付款人的，银行应当在接到寄来的委托收款凭证及债务证明并审查无误后，当日将款项主动支付给收款人
   D. 付款人审查有关债务证明后，需要拒绝付款的，可以办理拒绝付款

9. 根据票据法律制度的规定，银行汇票的提示付款期限是（　　）。
   A. 自出票日起6个月　　　　　　B. 自出票日起1个月
   C. 自出票日起10日　　　　　　　D. 自出票日起6日

10. 根据《人民币银行结算账户管理办法》的规定，下列情形中，存款人不必向开户银行提出撤销银行结算账户申请的是（　　）。
    A. 办理停业税务登记的
    B. 被撤并、解散、宣告破产或关闭的
    C. 注销、被吊销营业执照的
    D. 因迁址需要变更开户银行的

11. 《支付结算办法》对商业汇票的最长付款期限有明确的规定，该期限是（　　）。
    A. 1个月　　　　B. 3个月　　　　C. 6个月　　　　D. 9个月

12. 根据银行卡交易的基本规定，贷记卡的首月最低还款额不得低于其当月透支余额的（　　）。
    A. 5%　　　　　B. 10%　　　　　C. 15%　　　　　D. 30%

13. 信用证的有效期为受益人向银行提交单据的最迟期限，最长不得超过（　　）。
    A. 2个月　　　　B. 3个月　　　　C. 6个月　　　　D. 9个月

14. 根据规定，付款人在托收承付期限内，不可向银行提出全部或部分拒绝付款的情况是（　　）。
    A. 未按合同规定的到货地址发货的款项
    B. 代销、寄销、赊销商品的款项
    C. 验单付款，所列货物的规格与合同规定相符的款项
    D. 验货付款，经查验货物与发货清单不符的款项

15. 甲公司向乙公司购买一批原材料，开出一张票面金额为30万元的银行承兑汇票。

出票日期为 2 月 10 日，到期日为 5 月 10 日。4 月 6 日，乙企业持此汇票及有关发票和原材料发运单据复印件向银行办理了贴现。已知同期银行年贴现率为 3.6%，一年按 360 天计算，贴现银行与承兑银行在同一个城市。根据票据法律制度的有关规定，银行实付乙企业贴现金额为（　　）元。

　　A. 301 680　　　　B. 298 980　　　　C. 298 950　　　　D. 298 320

二、多项选择题

1. 根据支付结算法律制度的规定，存款人申请开立的下列人民币银行结算账户中，应当报送中国人民银行当地分支行核准的有（　　）。

　　A. 预算单位专用存款账户

　　B. 因异地临时经营开立的临时存款账户

　　C. 个人存款账户

　　D. 异地一般存款账户

2. 根据《人民币银行结算账户管理办法》的规定，下列账户的开立，需要经人民银行核准的是（　　）。

　　A. 基本存款账户　　　　　　　　　B 一般存款账户

　　C. 因注册验资开立的临时存款账户　　D. 预算单位专用存款账户

3. 下列关于办理支票业务的程序表述中，不符合法律规定的有（　　）。

　　A. 支票的金额、收款人名称，可以由出票人授权补记

　　B. 出票人不可以在支票上记载自己为收款人

　　C. 支票的提示付款期限自出票日起 1 个月

　　D. 支票的出票人签发支票的金额不得超过付款时其在付款人处实有的存款金额

4. 根据规定，签发汇兑凭证必须记载的事项有（　　）。

　　A. 无条件支付的委托　　　　　　　B. 收款人名称

　　C. 委托日期　　　　　　　　　　　D. 汇款人签章

5. 根据《人民币银行结算账户管理办法》的规定，下列业务中可以办理临时存款账户的有（　　）。

　　A. 设立临时机构　　　　　　　　　B. 异地临时经营活动

　　C. 注册验资、增资　　　　　　　　D. 粮、棉、油收购资金

6. 根据《支付结算办法》的规定，下列支付结算的种类中，没有金额起点限制的有（　　）。

　　A. 委托收款　　B. 支票　　C. 托收承付　　D. 汇兑

7. 根据票据法律制度的规定，下列有关银行汇票的表述中，正确的有（　　）。

　　A. 填明"现金"字样的银行汇票可以提取现金

　　B. 填明"现金"字样和代理付款人的银行汇票丧失后可以挂失止付

　　C. 出票银行是银行汇票的付款人

　　D. 持票人向银行提示付款时，必须同时提交银行汇票和解讫通知

8. 关于汇票的提示付款期限，下列说法中正确的有（　　）。

　　A. 见票即付的票据无须提示付款

B. 见票即付的汇票，自出票日起 1 个月内向付款人提示付款

C. 定日付款的汇票，自到期日起 10 日内向承兑人提示付款

D. 见票后定期付款的汇票，自到期日起 10 日内向承兑人提示付款

9. 下列关于单位人民币卡结算使用的表述中，不符合法律规定的有（　　）。

A. 单位人民币卡账户的资金可以与其他存款账户自由转账

B. 单位人民币卡账户销户时，其资金金额可以提取现金

C. 用单位人民币卡办理商品和劳务结算时，可以透支结算

D. 不得将销货收入直接存入单位人民币卡账户

10. 关于账户违法行为的下列说法中，正确的有（　　）。

A. 存款人出租、出借银行卡账户应承担法律责任

B. 伪造、变造证明文件欺骗银行开立银行结算账户构成犯罪的，移交司法机关依法追究刑事责任

C. 伪造、变造、私自印制开户许可证的，均处以 1 万元以上 3 万元以下的罚款

D. 伪造、变造、私自印制开户许可证构成犯罪的，移交司法机关依法追究刑事责任

附 录

《人民币银行结算账户管理办法》

第一章 总则

第一条 为规范人民币银行结算账户（以下简称银行结算账户）的开立和使用，加强银行结算账户管理，维护经济金融秩序稳定，根据《中华人民共和国中国人民银行法》和《中华人民共和国商业银行法》等法律法规，制定本办法。

第二条 存款人在中国境内的银行开立的银行结算账户适用本办法。

本办法所称存款人，是指在中国境内开立银行结算账户的机关、团体、部队、企业、事业单位、其他组织（以下统称单位）、个体工商户和自然人。

本办法所称银行，是指在中国境内经中国人民银行批准经营支付结算业务的政策性银行、商业银行（含外资独资银行、中外合资银行、外国银行分行）、城市信用合作社、农村信用合作社。

本办法所称银行结算账户，是指银行为存款人开立的办理资金收付结算的人民币活期存款账户。

第三条 银行结算账户按存款人分为单位银行结算账户和个人银行结算账户。

（一）存款人以单位名称开立的银行结算账户为单位银行结算账户。单位银行结算账户按用途分为基本存款账户、一般存款账户、专用存款账户、临时存款账户。

个体工商户凭营业执照以字号或经营者姓名开立的银行结算账户纳入单位银行结算账户管理。

（二）存款人凭个人身份证件以自然人名称开立的银行结算账户为个人银行结算账户。

邮政储蓄机构办理银行卡业务开立的账户纳入个人银行结算账户管理。

第四条 单位银行结算账户的存款人只能在银行开立一个基本存款账户。

第五条 存款人应在注册地或住所地开立银行结算账户。符合本办法规定可以在异地（跨省、市、县）开立银行结算账户的除外。

第六条 存款人开立基本存款账户、临时存款账户和预算单位开立专用存款账户实行核准制度，经中国人民银行核准后由开户银行核发开户登记证。但存款人因注册验资需要开立的临时存款账户除外。

第七条 存款人可以自主选择银行开立银行结算账户。除国家法律、行政法规和国务院规定外，任何单位和个人不得强令存款人到指定银行开立银行结算账户。

第八条 银行结算账户的开立和使用应当遵守法律、行政法规,不得利用银行结算账户进行偷逃税款、逃废债务、套取现金及其他违法犯罪活动。

第九条 银行应依法为存款人的银行结算账户信息保密。对单位银行结算账户的存款和有关资料,除国家法律、行政法规另有规定外,银行有权拒绝任何单位或个人查询。对个人银行结算账户的存款和有关资料,除国家法律另有规定外,银行有权拒绝任何单位或个人查询。

第十条 中国人民银行是银行结算账户的监督管理部门。

第二章 银行结算账户的开立

第十一条 基本存款账户是存款人因办理日常转账结算和现金收付需要开立的银行结算账户。下列存款人,可以申请开立基本存款账户:

(一) 企业法人。

(二) 非法人企业。

(三) 机关、事业单位。

(四) 团级(含)以上军队、武警部队及分散执勤的支(分)队。

(五) 社会团体。

(六) 民办非企业组织。

(七) 异地常设机构。

(八) 外国驻华机构。

(九) 个体工商户。

(十) 居民委员会、村民委员会、社区委员会。

(十一) 单位设立的独立核算的附属机构。

(十二) 其他组织。

第十二条 一般存款账户是存款人因借款或其他结算需要,在基本存款账户开户银行以外的银行营业机构开立的银行结算账户。

第十三条 专用存款账户是存款人按照法律、行政法规和规章,对其特定用途资金进行专项管理和使用而开立的银行结算账户。对下列资金的管理与使用,存款人可以申请开立专用存款账户:

(一) 基本建设资金。

(二) 更新改造资金。

(三) 财政预算外资金。

(四) 粮、棉、油收购资金。

(五) 证券交易结算资金。

(六) 期货交易保证金。

(七) 信托基金。

(八) 金融机构存放同业资金。

(九) 政策性房地产开发资金。

(十) 单位银行卡备用金。

(十一) 住房基金。

（十二）社会保障基金。

（十三）收入汇缴资金和业务支出资金。

（十四）党、团、工会设在单位的组织机构经费。

（十五）其他需要专项管理和使用的资金。

收入汇缴资金和业务支出资金，是指基本存款账户存款人附属的非独立核算单位或派出机构发生的收入和支出的资金。

因收入汇缴资金和业务支出资金开立的专用存款账户，应使用隶属单位的名称。

第十四条 临时存款账户是存款人因临时需要并在规定期限内使用而开立的银行结算账户。有下列情况的，存款人可以申请开立临时存款账户：

（一）设立临时机构。

（二）异地临时经营活动。

（三）注册验资。

第十五条 个人银行结算账户是自然人因投资、消费、结算等而开立的可办理支付结算业务的存款账户。有下列情况的，可以申请开立个人银行结算账户：

（一）使用支票、信用卡等信用支付工具的。

（二）办理汇兑、定期借记、定期贷记、借记卡等结算业务的。

自然人可根据需要申请开立个人银行结算账户，也可以在已开立的储蓄账户中选择并向开户银行申请确认为个人银行结算账户。

第十六条 存款人有下列情形之一的，可以在异地开立有关银行结算账户：

（一）营业执照注册地与经营地不在同一行政区域（跨省、市、县）需要开立基本存款账户的。

（二）办理异地借款和其他结算需要开立一般存款账户的。

（三）存款人因附属的非独立核算单位或派出机构发生的收入汇缴或业务支出需要开立专用存款账户的。

（四）异地临时经营活动需要开立临时存款账户的。

（五）自然人根据需要在异地开立个人银行结算账户的。

第十七条 存款人申请开立基本存款账户，应向银行出具下列证明文件：

（一）企业法人，应出具企业法人营业执照正本。

（二）非法人企业，应出具企业营业执照正本。

（三）机关和实行预算管理的事业单位，应出具政府人事部门或编制委员会的批文或登记证书和财政部门同意其开户的证明；非预算管理的事业单位，应出具政府人事部门或编制委员会的批文或登记证书。

（四）军队、武警团级（含）以上单位以及分散执勤的支（分）队，应出具军队军级以上单位财务部门、武警总队财务部门的开户证明。

（五）社会团体，应出具社会团体登记证书，宗教组织还应出具宗教事务管理部门的批文或证明。

（六）民办非企业组织，应出具民办非企业登记证书。

（七）外地常设机构，应出具其驻在地政府主管部门的批文。

（八）外国驻华机构，应出具国家有关主管部门的批文或证明；外资企业驻华代表处、办事处应出具国家登记机关颁发的登记证。

（九）个体工商户，应出具个体工商户营业执照正本。

（十）居民委员会、村民委员会、社区委员会，应出具其主管部门的批文或证明。

（十一）独立核算的附属机构，应出具其主管部门的基本存款账户开户登记证和批文。

（十二）其他组织，应出具政府主管部门的批文或证明。

本条中的存款人为从事生产、经营活动纳税人的，还应出具税务部门颁发的税务登记证。

第十八条 存款人申请开立一般存款账户，应向银行出具其开立基本存款账户规定的证明文件、基本存款账户开户登记证和下列证明文件：

（一）存款人因向银行借款需要，应出具借款合同。

（二）存款人因其他结算需要，应出具有关证明。

第十九条 存款人申请开立专用存款账户，应向银行出具其开立基本存款账户规定的证明文件、基本存款账户开户登记证和下列证明文件：

（一）基本建设资金、更新改造资金、政策性房地产开发资金、住房基金、社会保障基金，应出具主管部门批文。

（二）财政预算外资金，应出具财政部门的证明。

（三）粮、棉、油收购资金，应出具主管部门批文。

（四）单位银行卡备用金，应按照中国人民银行批准的银行卡章程的规定出具有关证明和资料。

（五）证券交易结算资金，应出具证券公司或证券管理部门的证明。

（六）期货交易保证金，应出具期货公司或期货管理部门的证明。

（七）金融机构存放同业资金，应出具其证明。

（八）收入汇缴资金和业务支出资金，应出具基本存款账户存款人有关的证明。

（九）党、团、工会设在单位的组织机构经费，应出具该单位或有关部门的批文或证明。

（十）其他按规定需要专项管理和使用的资金，应出具有关法规、规章或政府部门的有关文件。

第二十条 合格境外机构投资者在境内从事证券投资开立的人民币特殊账户和人民币结算资金账户纳入专用存款账户管理。其开立人民币特殊账户时应出具国家外汇管理部门的批复文件，开立人民币结算资金账户时应出具证券管理部门的证券投资业务许可证。

第二十一条 存款人申请开立临时存款账户，应向银行出具下列证明文件：

（一）临时机构，应出具其驻在地主管部门同意设立临时机构的批文。

（二）异地建筑施工及安装单位，应出具其营业执照正本或其隶属单位的营业执照正本，以及施工及安装地建设主管部门核发的许可证或建筑施工及安装合同。

（三）异地从事临时经营活动的单位，应出具其营业执照正本以及临时经营地工商行政管理部门的批文。

（四）注册验资资金，应出具工商行政管理部门核发的企业名称预先核准通知书或有关部门的批文。

本条第二、三项还应出具其基本存款账户开户登记证。

第二十二条 存款人申请开立个人银行结算账户，应向银行出具下列证明文件：

（一）中国居民，应出具居民身份证或临时身份证。

（二）中国人民解放军军人，应出具军人身份证件。

（三）中国人民武装警察，应出具武警身份证件。

（四）香港、澳门居民，应出具港澳居民往来内地通行证；台湾居民，应出具台湾居民来往大陆通行证或者其他有效旅行证件。

（五）外国公民，应出具护照。

（六）法律、法规和国家有关文件规定的其他有效证件。

银行为个人开立银行结算账户时，根据需要还可要求申请人出具户口簿、驾驶执照、护照等有效证件。

第二十三条 存款人需要在异地开立单位银行结算账户，除出具本办法第十七条、十八条、十九条、二十一条规定的有关证明文件外，应出具下列相应的证明文件：

（一）经营地与注册地不在同一行政区域的存款人，在异地开立基本存款账户的，应出具注册地中国人民银行分支行的未开立基本存款账户的证明。

（二）异地借款的存款人，在异地开立一般存款账户的，应出具在异地取得贷款的借款合同。

（三）因经营需要在异地办理收入汇缴和业务支出的存款人，在异地开立专用存款账户的，应出具隶属单位的证明。

属本条第二、三项情况的，还应出具其基本存款账户开户登记证。

存款人需要在异地开立个人银行结算账户，应出具本办法第二十二条规定的证明文件。

第二十四条 单位开立银行结算账户的名称应与其提供的申请开户的证明文件的名称全称相一致。有字号的个体工商户开立银行结算账户的名称应与其营业执照的字号相一致；无字号的个体工商户开立银行结算账户的名称，由"个体户"字样和营业执照记载的经营者姓名组成。自然人开立银行结算账户的名称应与其提供的有效身份证件中的名称全称相一致。

第二十五条 银行为存款人开立一般存款账户、专用存款账户和临时存款账户的，应自开户之日起3个工作日内书面通知基本存款账户开户银行。

第二十六条 存款人申请开立单位银行结算账户时，可由法定代表人或单位负责人直接办理，也可授权他人办理。

由法定代表人或单位负责人直接办理的，除出具相应的证明文件外，还应出具法定代表人或单位负责人的身份证件；授权他人办理的，除出具相应的证明文件外，还应出具其法定代表人或单位负责人的授权书及其身份证件，以及被授权人的身份证件。

第二十七条 存款人申请开立银行结算账户时，应填制开户申请书。开户申请书按照中国人民银行的规定记载有关事项。

第二十八条 银行应对存款人的开户申请书填写的事项和证明文件的真实性、完整性、合规性进行认真审查。

开户申请书填写的事项齐全，符合开立基本存款账户、临时存款账户和预算单位专用存款账户条件的，银行应将存款人的开户申请书、相关的证明文件和银行审核意见等开户资料报送中国人民银行当地分支行，经其核准后办理开户手续；符合开立一般存款账户、其他专用存款账户和个人银行结算账户条件的，银行应办理开户手续，并于开户之日起5个工作日内向中国人民银行当地分支行备案。

第二十九条　中国人民银行应于2个工作日内对银行报送的基本存款账户、临时存款账户和预算单位专用存款账户的开户资料的合规性予以审核，符合开户条件的，予以核准；不符合开户条件的，应在开户申请书上签署意见，连同有关证明文件一并退回报送银行。

第三十条　银行为存款人开立银行结算账户，应与存款人签订银行结算账户管理协议，明确双方的权利与义务。除中国人民银行另有规定的以外，应建立存款人预留签章卡片，并将签章式样和有关证明文件的原件或复印件留存归档。

第三十一条　开户登记证是记载单位银行结算账户信息的有效证明，存款人应按本办法的规定使用，并妥善保管。

第三十二条　银行在为存款人开立一般存款账户、专用存款账户和临时存款账户时，应在其基本存款账户开户登记证上登记账户名称、账号、账户性质、开户银行、开户日期，并签章。但临时机构和注册验资需要开立的临时存款账户除外。

第三章　银行结算账户的使用

第三十三条　基本存款账户是存款人的主办账户。存款人日常经营活动的资金收付及其工资、奖金和现金的支取，应通过该账户办理。

第三十四条　一般存款账户用于办理存款人借款转存、借款归还和其他结算的资金收付。该账户可以办理现金缴存，但不得办理现金支取。

第三十五条　专用存款账户用于办理各项专用资金的收付。

单位银行卡账户的资金必须由其基本存款账户转账存入。该账户不得办理现金收付业务。

财政预算外资金、证券交易结算资金、期货交易保证金和信托基金专用存款账户不得支取现金。

基本建设资金、更新改造资金、政策性房地产开发资金、金融机构存放同业资金账户需要支取现金的，应在开户时报中国人民银行当地分支行批准。中国人民银行当地分支行应根据国家现金管理的规定审查批准。

粮、棉、油收购资金、社会保障基金、住房基金和党、团、工会经费等专用存款账户支取现金应按照国家现金管理的规定办理。

收入汇缴账户除向其基本存款账户或预算外资金财政专用存款户划缴款项外，只收不付，不得支取现金。业务支出账户除从其基本存款账户拨入款项外，只付不收，其现金支取必须按照国家现金管理的规定办理。

银行应按照本条的各项规定和国家对粮、棉、油收购资金使用管理规定加强监督，对不符合规定的资金收付和现金支取，不得办理。但对其他专用资金的使用不负监督责任。

第三十六条　临时存款账户用于办理临时机构以及存款人临时经营活动发生的资金收付。

临时存款账户应根据有关开户证明文件确定的期限或存款人的需要确定其有效期限。存款人在账户的使用中需要延长期限的，应在有效期限内向开户银行提出申请，并由开户银行报中国人民银行当地分支行核准后办理展期。临时存款账户的有效期最长不得超过2年。

临时存款账户支取现金，应按照国家现金管理的规定办理。

第三十七条　注册验资的临时存款账户在验资期间只收不付，注册验资资金的汇缴人应与出资人的名称一致。

第三十八条　存款人开立单位银行结算账户，自正式开立之日起3个工作日后，方可办理付款业务。但注册验资的临时存款账户转为基本存款账户和因借款转存开立的一般存款账户除外。

第三十九条　个人银行结算账户用于办理个人转账收付和现金存取。下列款项可以转入个人银行结算账户：

（一）工资、奖金收入。

（二）稿费、演出费等劳务收入。

（三）债券、期货、信托等投资的本金和收益。

（四）个人债权或产权转让收益。

（五）个人贷款转存。

（六）证券交易结算资金和期货交易保证金。

（七）继承、赠与款项。

（八）保险理赔、保费退还等款项。

（九）纳税退还。

（十）农、副、矿产品销售收入。

（十一）其他合法款项。

第四十条　单位从其银行结算账户支付给个人银行结算账户的款项，每笔超过5万元的，应向其开户银行提供下列付款依据：

（一）代发工资协议和收款人清单。

（二）奖励证明。

（三）新闻出版、演出主办等单位与收款人签订的劳务合同或支付给个人款项的证明。

（四）证券公司、期货公司、信托投资公司、奖券发行或承销部门支付或退还给自然人款项的证明。

（五）债权或产权转让协议。

（六）借款合同。

（七）保险公司的证明。

（八）税收征管部门的证明。

（九）农、副、矿产品购销合同。

（十）其他合法款项的证明。

从单位银行结算账户支付给个人银行结算账户的款项应纳税的，税收代扣单位付款时应向其开户银行提供完税证明。

第四十一条 有下列情形之一的，个人应出具本办法第四十条规定的有关收款依据。

（一）个人持出票人为单位的支票向开户银行委托收款，将款项转入其个人银行结算账户的。

（二）个人持申请人为单位的银行汇票和银行本票向开户银行提示付款，将款项转入其个人银行结算账户的。

第四十二条 单位银行结算账户支付给个人银行结算账户款项的，银行应按第四十条、第四十一条规定认真审查付款依据或收款依据的原件，并留存复印件，按会计档案保管。未提供相关依据或相关依据不符合规定的，银行应拒绝办理。

第四十三条 储蓄账户仅限于办理现金存取业务，不得办理转账结算。

第四十四条 银行应按规定与存款人核对账务。银行结算账户的存款人收到对账单或对账信息后，应及时核对账务并在规定期限内向银行发出对账回单或确认信息。

第四十五条 存款人应按照本办法的规定使用银行结算账户办理结算业务。

存款人不得出租、出借银行结算账户，不得利用银行结算账户套取银行信用。

第四章　银行结算账户的变更与撤销

第四十六条 存款人更改名称，但不改变开户银行及账号的，应于5个工作日内向开户银行提出银行结算账户的变更申请，并出具有关部门的证明文件。

第四十七条 单位的法定代表人或主要负责人、住址以及其他开户资料发生变更时，应于5个工作日内书面通知开户银行并提供有关证明。

第四十八条 银行接到存款人的变更通知后，应及时办理变更手续，并于2个工作日内向中国人民银行报告。

第四十九条 有下列情形之一的，存款人应向开户银行提出撤销银行结算账户的申请：

（一）被撤并、解散、宣告破产或关闭的。

（二）注销、被吊销营业执照的。

（三）因迁址需要变更开户银行的。

（四）其他原因需要撤销银行结算账户的。

存款人有本条第一、二项情形的，应于5个工作日内向开户银行提出撤销银行结算账户的申请。

本条所称撤销是指存款人因开户资格或其他原因终止银行结算账户使用的行为。

第五十条 存款人因本办法第四十九条第一、二项原因撤销基本存款账户的，存款人基本存款账户的开户银行应自撤销银行结算账户之日起2个工作日内将撤销该基本存款账户的情况书面通知该存款人其他银行结算账户的开户银行；存款人其他银行结算账户的开户银行，应自收到通知之日起2个工作日内通知存款人撤销有关银行结算账户；存款人应自收到通知之日起3个工作日内办理其他银行结算账户的撤销。

第五十一条 银行得知存款人有本办法第四十九条第一、二项情况，存款人超过规定期限未主动办理撤销银行结算账户手续的，银行有权停止其银行结算账户的对外支付。

第五十二条　未获得工商行政管理部门核准登记的单位，在验资期满后，应向银行申请撤销注册验资临时存款账户，其账户资金应退还给原汇款人账户。注册验资资金以现金方式存入，出资人需提取现金的，应出具缴存现金时的现金缴款单原件及其有效身份证件。

第五十三条　存款人尚未清偿其开户银行债务的，不得申请撤销该账户。

第五十四条　存款人撤销银行结算账户，必须与开户银行核对银行结算账户存款余额，交回各种重要空白票据及结算凭证和开户登记证，银行核对无误后方可办理销户手续。存款人未按规定交回各种重要空白票据及结算凭证的，应出具有关证明，造成损失的，由其自行承担。

第五十五条　银行撤销单位银行结算账户时应在其基本存款账户开户登记证上注明销户日期并签章，同时于撤销银行结算账户之日起2个工作日内，向中国人民银行报告。

第五十六条　银行对一年未发生收付活动且未欠开户银行债务的单位银行结算账户，应通知单位自发出通知之日起30日内办理销户手续，逾期视同自愿销户，未划转款项列入久悬未取专户管理。

第五章　银行结算账户的管理

第五十七条　中国人民银行负责监督、检查银行结算账户的开立和使用，对存款人、银行违反银行结算账户管理规定的行为予以处罚。

第五十八条　中国人民银行对银行结算账户的开立和使用实施监控和管理。

第五十九条　中国人民银行负责基本存款账户、临时存款账户和预算单位专用存款账户开户登记证的管理。

任何单位及个人不得伪造、变造及私自印制开户登记证。

第六十条　银行负责所属营业机构银行结算账户开立和使用的管理，监督和检查其执行本办法的情况，纠正违规开立和使用银行结算账户的行为。

第六十一条　银行应明确专人负责银行结算账户的开立、使用和撤销的审查和管理，负责对存款人开户申请资料的审查，并按照本办法的规定及时报送存款人开销户信息资料，建立健全开销户登记制度，建立银行结算账户管理档案，按会计档案进行管理。

银行结算账户管理档案的保管期限为银行结算账户撤销后10年。

第六十二条　银行应对已开立的单位银行结算账户实行年检制度，检查开立的银行结算账户的合规性，核实开户资料的真实性；对不符合本办法规定开立的单位银行结算账户，应予以撤销。对经核实的各类银行结算账户的资料变动情况，应及时报告中国人民银行当地分支行。

银行应对存款人使用银行结算账户的情况进行监督，对存款人的可疑支付应按照中国人民银行规定的程序及时报告。

第六十三条　存款人应加强对预留银行签章的管理。单位遗失预留公章或财务专用章的，应向开户银行出具书面申请、开户登记证、营业执照等相关证明文件；更换预留公章或财务专用章时，应向开户银行出具书面申请、原预留签章的式样等相关证明文件。个人遗失或更换预留个人印章或更换签字人时，应向开户银行出具经签名确认的书面申请，以及原预留印章或签字人的个人身份证件。银行应留存相应的复印件，并凭以办理预留银行签章的变更。

第六章 罚 则

第六十四条 存款人开立、撤销银行结算账户，不得有下列行为：

（一）违反本办法规定开立银行结算账户。

（二）伪造、变造证明文件欺骗银行开立银行结算账户。

（三）违反本办法规定不及时撤销银行结算账户。

非经营性的存款人，有上述所列行为之一的，给予警告并处以1 000元的罚款；经营性的存款人有上述所列行为之一的，给予警告并处以1万元以上3万元以下的罚款；构成犯罪的，移交司法机关依法追究刑事责任。

第六十五条 存款人使用银行结算账户，不得有下列行为：

（一）违反本办法规定将单位款项转入个人银行结算账户。

（二）违反本办法规定支取现金。

（三）利用开立银行结算账户逃废银行债务。

（四）出租、出借银行结算账户。

（五）从基本存款账户之外的银行结算账户转账存入、将销货收入存入或现金存入单位信用卡账户。

（六）法定代表人或主要负责人、存款人地址以及其他开户资料的变更事项未在规定期限内通知银行。

非经营性的存款人有上述所列一至五项行为的，给予警告并处以1 000元罚款；经营性的存款人有上述所列一至五项行为的，给予警告并处以5 000元以上3万元以下的罚款；存款人有上述所列第六项行为的，给予警告并处以1 000元的罚款。

第六十六条 银行在银行结算账户的开立中，不得有下列行为：

（一）违反本办法规定为存款人多头开立银行结算账户。

（二）明知或应知是单位资金，而允许以自然人名称开立账户存储。

银行有上述所列行为之一的，给予警告，并处以5万元以上30万元以下的罚款；对该银行直接负责的高级管理人员、其他直接负责的主管人员、直接责任人员按规定给予纪律处分；情节严重的，中国人民银行有权停止对其开立基本存款账户的核准，责令该银行停业整顿或者吊销经营金融业务许可证；构成犯罪的，移交司法机关依法追究刑事责任。

第六十七条 银行在银行结算账户的使用中，不得有下列行为：

（一）提供虚假开户申请资料欺骗中国人民银行许可开立基本存款账户、临时存款账户、预算单位专用存款账户。

（二）开立或撤销单位银行结算账户，未按本办法规定在其基本存款账户开户登记证上予以登记、签章或通知相关开户银行。

（三）违反本办法第四十二条规定办理个人银行结算账户转账结算。

（四）为储蓄账户办理转账结算。

（五）违反规定为存款人支付现金或办理现金存入。

（六）超过期限或未向中国人民银行报送账户开立、变更、撤销等资料。

银行有上述所列行为之一的，给予警告，并处以5 000元以上3万元以下的罚款；对该银行直接负责的高级管理人员、其他直接负责的主管人员、直接责任人员按规定给予纪律处分；情节严重的，中国人民银行有权停止对其开立基本存款账户的核准，构成犯罪的，移交司法机关依法追究刑事责任。

第六十八条 违反本办法规定，伪造、变造、私自印制开户登记证的存款人，属非经营性的处以1 000元罚款；属经营性的处以1万元以上3万元以下的罚款；构成犯罪的，移交司法机关依法追究刑事责任。

第七章 附 则

第六十九条 开户登记证由中国人民银行总行统一式样，中国人民银行各分行、营业管理部、省会（首府）城市中心支行负责监制。

第七十条 本办法由中国人民银行负责解释、修改。

第七十一条 本办法自2003年9月1日起施行。1994年10月9日中国人民银行发布的《银行账户管理办法》同时废止。

现金管理暂行条例

第一章 总 则

第一条 为改善现金管理，促进商品生产和流通，加强对社会经济活动的监督，制定本条例。

第二条 凡在银行和其他金融机构（以下简称开户银行）开立账户的机关、团体、部队、企业、事业单位和其他单位（以下简称开户单位），必须依照本条例的规定收支和使用现金，接受开户银行的监督。

国家鼓励开户单位和个人在经济活动中，采取转账方式进行结算，减少使用现金。

第三条 开户单位之间的经济往来，除按本条例规定的范围可以使用现金外，应当通过开户银行进行转账结算。

第四条 各级人民银行应当严格履行金融主管机关的职责，负责对开户银行的现金管理进行监督和稽核。

开户银行依照本条例和中国人民银行的规定，负责现金管理的具体实施，对开户单位收支、使用现金进行监督管理。

第二章 现金管理和监督

第五条 开户单位可以在下列范围内使用现金：

（一）职工工资、津贴；

（二）个人劳务报酬；

（三）根据国家规定颁发给个人的科学技术、文化艺术、体育等各种奖金；

（四）各种劳保，福利费用以及国家规定的对个人的其他支出；

（五）向个人收购农副产品和其他物资的价款；

（六）出差人员必须随身携带的差旅费；

（七）结算起点以下的零星支出；

（八）中国人民银行确定需要支付现金的其他支出。

前款结算起点定为1 000元。结算起点的调整，由中国人民银行确定，报国务院备案。

第六条 除本条例第五条第（五）、（六）项外，开户单位支付给个人的款项，超过使用现金限额的部分，应当以支票或者银行本票支付；确需全额支付现金的，经开户银行审核后，予以支付现金。

前款使用现金限额，按本条例第五条第二款的规定执行。

第七条 转账结算凭证在经济往来中，具有同现金相同的支付能力。

开户单位在销售活动中，不得对现金结算给予比转账结算优惠待遇；不得拒收支票、银行汇票和银行本票。

第八条 机关、团体、部队、全民所有制和集体所有制企业事业单位购置国家规定的专项控制商品，必须采取转账结算方式，不得使用现金。

第九条 开户银行应当根据实际需要，核定开户单位3天至5天的日常零星开支所需的库存现金限额。

边远地区和交通不便地区的开户单位的库存现金限额,可以多于5天,但不得超过15天的日常零星开支。

第十条 经核定的库存现金限额,开户单位必须严格遵守。需要增加或者减少库存现金限额的,应当向开户银行提出申请,由开户银行核定。

第十一条 开户单位现金收支应当依照下列规定办理:

(一)开户单位现金收入应当于当日送存开户银行。当日送存确有困难的,由开户银行确定送存时间。

(二)开户单位支付现金,可以从本单位库存现金限额中支付或者从开户银行提取,不得从本单位的现金收入中直接支付(即坐支)。因特殊情况需要坐支现金的,应当事先报经开户银行审查批准,由开户银行核定坐支范围和限额。坐支单位应当定期向开户银行报送坐支金额和使用情况。

(三)开户单位根据本条例第五条和第六条的规定,从开户银行提取现金,应当写明用途,由本单位财会部门负责人签字盖章,经开户银行审核后,予以支付现金。

(四)因采购地点不固定,交通不便,生产或者市场急需,抢险救灾以及其他特殊情况必须使用现金的,开户单位应当向开户银行提出申请,由本单位财会部门负责人签字盖章,经开户银行审核后,予以支付现金。

第十二条 开户单位应当建立健全现金账目,逐笔记载现金支付。账目应当日清月结,账款相符。

第十三条 对个体工商户、农村承包经营户发放的贷款,应当以转账方式支付。对确需在集市使用现金购买物资的,经开户银行审核后,可以在贷款金额内支付现金。

第十四条 在开户银行开户的个体工商户、农村承包经营户异地采购所需货款,应当通过银行汇兑方式支付。因采购地点不固定,交通不便必须携带现金的,由开户银行根据实际需要,予以支付现金。

未在开户银行开户的个体工商户、农村承包经营户异地采购所需货款,可以通过银行汇兑方式支付。凡加盖"现金"字样的结算凭证,汇入银行必须保证支付现金。

第十五条 具备条件的银行应当接受开户单位的委托,开展代发工资、转存储蓄业务。

第十六条 为保证开户单位的现金收入及时送存银行,开户银行必须按照规定做好现金收款工作,不得随意缩短收款时间。大中城市和商业比较集中的地区,应当建立非营业时间收款制度。

第十七条 开户银行应当加强柜台审查,定期和不定期地对开户单位现金收支情况进行检查,并按规定向当地人民银行报告现金管理情况。

第十八条 一个单位在几家银行开户的,由一家开户银行负责现金管理工作,核定开户单位库存现金限额。

各金融机构的现金管理分工,由中国人民银行确定。有关现金管理分工的争议,由当地人民银行协调、裁决。

第十九条 开户银行应当建立健全现金管理制度,配备专职人员,改进工作作风,改善服务设施。现金管理工作所需经费应当在开户银行业务费中解决。

第三章　法律责任

第二十条　开户单位有下列情形之一的，开户银行应当依照中国人民银行的规定，责令其停止违法活动，并可根据情节轻重处以罚款：

（一）超出规定范围、限额使用现金的；

（二）超出核定的库存现金限额留存现金的。

第二十一条　开户单位有下列情形之一的，开户银行应当依照中国人民银行的规定，予以警告或者罚款；情节严重的，可在一定期限内停止对该单位的贷款或者停止对该单位的现金支付：

（一）对现金结算给予比转账结算优惠待遇的；

（二）拒收支票、银行汇票和银行本票的；

（三）违反本条例第八条规定，不采取转账结算方式购置国家规定的专项控制商品的；

（四）用不符合财务会计制度规定的凭证顶替库存现金的；

（五）用转账凭证套换现金的；

（六）编造用途套取现金的；

（七）互相借用现金的；

（八）利用账户替其他单位和个人套取现金的；

（九）将单位的现金收入按个人储蓄方式存入银行的；

（十）保留账外公款的；

（十一）未经批准坐支或者未按开户银行核定的坐支范围和限额坐支现金的（2011年1月8日删除）。

第二十二条　开户单位对开户银行作出的处罚决定不服的，必须首先按照处罚决定执行，然后可在10日内向开户银行的同级人民银行申请复议。同级人民银行应当在收到复议申请之日起30日内作出复议决定。开户单位对复议决定不服的，可以在收到复议决定之日起30日内向人民法院起诉。（2011年1月8日删除）

第二十三条　银行工作人员违反本条例规定，徇私舞弊、贪污受贿、玩忽职守纵容违法行为的，应当根据情节轻重，给予行政处分和经济处罚；构成犯罪的，由司法机关依法追究刑事责任。

第四章　附　　则

第二十四条　本条例由中国人民银行负责解释；施行细则由中国人民银行制定。

第二十五条　本条例自1988年10月1日起施行。1977年11月28日发布的《国务院关于实行现金管理的决定》同时废止。

支付结算办法

第一章 总 则

第一条 为了规范支付结算行为，保障支付结算活动中当事人的合法权益，加速资金周转和商品流通，促进社会主义市场经济的发展，依据《中华人民共和国票据法》（以下简称《票据法》）和《票据管理实施办法》以及有关法律、行政法规，制定本办法。

第二条 中华人民共和国境内人民币的支付结算适用本办法，但中国人民银行另有规定的除外。

第三条 本办法所称支付结算是指单位、个人在社会经济活动中使用票据、信用卡和汇兑、托收承付、委托收款等结算方式进行货币给付及其资金清算的行为。

第四条 支付结算工作的任务，是根据经济往来组织支付结算，准确、及时、安全办理支付结算，按照有关法律、行政法规和本办法的规定管理支付结算，保障支付结算活动的正常进行。

第五条 银行、城市信用合作社、农村信用合作社（以下简称银行）以及单位和个人（含个体工商户），办理支付结算必须遵守国家的法律、行政法规和本办法的各项规定，不得损害社会公共利益。

第六条 银行是支付结算和资金清算的中介机构。未经中国人民银行批准的非银行金融机构和其他单位不得作为中介机构经营支付结算业务。但法律、行政法规另有规定的除外。

第七条 单位、个人和银行应当按照《银行账户管理办法》的规定开立、使用账户。

第八条 在银行开立存款账户的单位和个人办理支付结算，账户内须有足够的资金保证支付，本办法另有规定的除外。没有开立存款账户的个人向银行交付款项后，也可以通过银行办理支付结算。

第九条 票据和结算凭证是办理支付结算的工具。单位、个人和银行办理支付结算，必须使用按中国人民银行统一规定印制的票据凭证和统一规定的结算凭证。未使用按中国人民银行统一规定印制的票据，票据无效；未使用中国人民银行统一规定格式的结算凭证，银行不予受理。

第十条 单位、个人和银行签发票据、填写结算凭证，应按照本办法和附一《正确填写票据和结算凭证的基本规定》记载，单位和银行的名称应当记载全称或者规范化简称。

第十一条 票据和结算凭证上的签章，为签名、盖章或者签名加盖章。

单位、银行在票据上的签章和单位在结算凭证上的签章，为该单位、银行的盖章加其法定代表人或其授权的代理人的签名或盖章。

个人在票据和结算凭证上的签章，应为该个人本名的签名或盖章。

第十二条 票据和结算凭证的金额、出票或签发日期、收款人名称不得更改，更改的票据无效；更改的结算凭证，银行不予受理。对票据和结算凭证上的其他记载事项，原记载人可以更改，更改时应当由原记载人在更改处签章证明。

第十三条 票据和结算凭证金额以中文大写和阿拉伯数码同时记载，二者必须一致，二者不一致的票据无效；二者不一致的结算凭证，银行不予受理。少数民族地区和外国驻华使领馆根据实际需要，金额大写可以使用少数民族文字或者外国文字记载。

第十四条 票据和结算凭证上的签章和其他记载事项应当真实，不得伪造、变造。票据上有伪造、变造的签章的，不影响票据上其他当事人真实签章的效力。本条所称的伪造是指无权限人假冒他人或虚构人名义签章的行为。签章的变造属于伪造。本条所称的变造是指无权更改票据内容的人，对票据上签章以外的记载事项加以改变的行为。

第十五条 办理支付结算需要交验的个人有效身份证件是指居民身份证、军官证、警官证、文职干部证、士兵证、户口簿、护照、港澳台同胞回乡证等符合法律、行政法规以及国家有关规定的身份证件。

第十六条 单位、个人和银行办理支付结算必须遵守下列原则：

一、恪守信用，履约付款；

二、谁的钱进谁的账，由谁支配；

三、银行不垫款。

第十七条 银行以善意且符合规定和正常操作程序审查，对伪造、变造的票据和结算凭证上的签章以及需要交验的个人有效身份证件，未发现异常而支付金额的，对出票人或付款人不再承担受委托付款的责任，对持票人或收款人不再承担付款的责任。

第十八条 依法背书转让的票据，任何单位和个人不得冻结票据款项。但是法律另有规定的除外。

第十九条 银行依法为单位、个人在银行开立的基本存款账户、一般存款账户、专用存款账户和临时存款账户的存款保密，维护其资金的自主支配权。对单位、个人在银行开立上述存款账户的存款，除国家法律、行政法规另有规定外，银行不得为任何单位或者个人查询；除国家法律另有规定外，银行不代任何单位或者个人冻结、扣款，不得停止单位、个人存款的正常支付。

第二十条 支付结算实行集中统一和分级管理相结合的管理体制。

中国人民银行总行负责制定统一的支付结算制度，组织、协调、管理、监督全国的支付结算工作，调解、处理银行之间的支付结算纠纷。中国人民银行省、自治区、直辖市分行根据统一的支付结算制度制定实施细则，报总行备案；根据需要可以制定单项支付结算办法，报经中国人民银行总行批准后执行。中国人民银行分、支行负责组织。协调、管理、监督本辖区的支付结算工作，调解、处理本辖区银行之间的支付结算纠纷。

政策性银行、商业银行总行可以根据统一的支付结算制度，结合本行情况，制定具体管理实施办法，报经中国人民银行总行批准后执行。政策性银行、商业银行负责组织、管理、协调本行内的支付结算工作，调解、处理本行内分支机构之间的支付结算纠纷。

第二章 票 据

第一节 基本规定

第二十一条 本办法所称票据，是指银行汇票、商业汇票、银行本票和支票。

第二十二条 票据的签发、取得和转让，必须具有真实的交易关系和债权债务关系。票据的取得，必须给付对价。但因税收、继承、赠与可以依法无偿取得票据的，不受给付对价的限制。

第二十三条 银行汇票的出票人在票据上的签章,应为经中国人民银行批准使用的该银行汇票专用章加其法定代表人或其授权经办人的签名或者盖章。银行承兑商业汇票、办理商业汇票转贴现、再贴现时的签章,应为经中国人民银行批准使用的该银行汇票专用章加其法定代表人或其授权经办人的签名或者盖章。银行本票的出票人在票据上的签章,应为经中国人民银行批准使用的该银行本票专用章加其法定代表人或其授权经办人的签名或者盖章。

单位在票据上的签章,应为该单位的财务专用章或者公章加其法定代表人或其授权的代理人的签名或者盖章。个人在票据上的签章,应为该个人的签名或者盖章。

支票的出票人和商业承兑汇票的承兑人在票据上的签章,应为其预留银行的签章。

第二十四条 出票人在票据上的签章不符合《票据法》《票据管理实施办法》和本办法规定的,票据无效;承兑人、保证人在票据上的签章不符合《票据法》《票据管理实施办法》和本办法规定的,其签章无效,但不影响其他符合规定签章的效力;背书人在票据上的签章不符合《票据法》《票据管理实施办法》和本办法规定的,其签章无效,但不影响其前手符合规定签章的效力。

第二十五条 出票人在票据上的记载事项必须符合《票据法》《票据管理实施办法》和本办法的规定。票据上可以记载《票据法》和本办法规定事项以外的其他出票事项,但是该记载事项不具有票据上的效力,银行不负审查责任。

第二十六条 区域性银行汇票仅限于出票人向本区域内的收款人出票,银行本票和支票仅限于出票人向其票据交换区域内的收款人出票。

第二十七条 票据可以背书转让,但填明"现金"字样的银行汇票、银行本票和用于支取现金的支票不得背书转让。

区域性银行汇票仅限于在本区域内背书转让。银行本票、支票仅限于在其票据交换区域内背书转让。

第二十八条 区域性银行汇票和银行本票、支票出票人向规定区域以外的收款人出票的,背书人向规定区域以外的被背书人转让票据的,区域外的银行不予受理,但出票人、背书人仍应承担票据责任。

第二十九条 票据背书转让时,由背书人在票据背面签章、记载被背书人名称和背书日期。背书未记载日期的,视为在票据到期日前背书。

持票人委托银行收款或以票据质押的,除按上款规定记载背书外,还应在背书人栏记载"委托收款"或"质押"字样。

第三十条 票据出票人在票据正面记载"不得转让"字样的,票据不得转让;其直接后手再背书转让的,出票人对其直接后手的被背书人不承担保证责任,对被背书人提示付款或委托收款的票据,银行不予受理。

票据背书人在票据背面背书人栏记载"不得转让"字样的,其后手再背书转让的,记载"不得转让"字样的背书人对其后手的被背书人不承担保证责任。

第三十一条 票据被拒绝承兑、拒绝付款或者超过付款提示期限的,不得背书转让。背书转让的,背书人应当承担票据责任。

第三十二条 背书不得附有条件。背书附有条件的,所附条件不具有票据上的效力。

第三十三条 以背书转让的票据，背书应当连续。持票人以背书的连续，证明其票据权利。非经背书转让，而以其他合法方式取得票据的，依法举证，证明其票据权利。

背书连续，是指票据第一次背书转让的背书人是票据上记载的收款人，前次背书转让的被背书人是后一次背书转让的背书人，依次前后衔接，最后一次背书转让的被背书人是票据的最后持票人。

第三十四条 票据的背书人应当在票据背面的背书栏依次背书。背书栏不敷背书的，可以使用统一格式的粘单，粘附于票据凭证上规定的粘接处。粘单上的第一记载人，应当在票据和粘单的粘接处签章。

第三十五条 银行汇票、商业汇票和银行本票的债务可以依法由保证人承担保证责任。

保证人必须按照《票据法》的规定在票据上记载保证事项。保证人为出票人、承兑人保证的，应将保证事项记载在票据的正面；保证人为背书人保证的，应将保证事项记载在票据的背面或粘单上。

第三十六条 商业汇票的持票人超过规定期限提示付款的，丧失对其前手的追索权，持票人在做出说明后，仍可以向承兑人请求付款。

银行汇票、银行本票的持票人超过规定期限提示付款的，丧失对出票人以外的前手的追索权，持票人在做出说明后，仍可以向出票人请求付款。

支票的持票人超过规定的期限提示付款的，丧失对出票人以外的前手的追索权。

第三十七条 通过委托收款银行或者通过票据交换系统向付款人或代理付款人提示付款的，视同持票人提示付款；其提示付款日期以持票人向开户银行提交票据日为准。

付款人或代理付款人应于见票当日足额付款。

本条所称"代理付款人"是指根据付款人的委托，代理其支付票据金额的银行。

第三十八条 票据债务人对下列情况的持票人可以拒绝付款：

（一）对不履行约定义务的与自己有直接债权债务关系的持票人；

（二）以欺诈、偷盗或者胁迫等手段取得票据的持票人；

（三）对明知有欺诈、偷盗或者胁迫等情形，出于恶意取得票据的持票人；

（四）明知债务人与出票人或者持票人的前手之间存在抗辩事由而取得票据的持票人；

（五）因重大过失取得不符合《票据法》规定的票据的持票人；

（六）对取得背书不连续票据的持票人；

（七）符合《票据法》规定的其他抗辩事由。

第三十九条 票据债务人对下列情况不得拒绝付款：

（一）与出票人之间有抗辩事由；

（二）与持票人的前手之间有抗辩事由。

第四十条 票据到期被拒绝付款或者在到期前被拒绝承兑，承兑人或付款人死亡、逃匿的，承兑人或付款人被依法宣告破产的或者因违法被责令终止业务活动的，持票人可以对背书人、出票人以及票据的其他债务人行使追索权。

持票人行使追索权，应当提供被拒绝承兑或者被拒绝付款的拒绝证明或者退票理由书以及其他有关证明。

第四十一条 本办法所称"拒绝证明"应当包括下列事项：

（一）被拒绝承兑、付款的票据种类及其主要记载事项；

（二）拒绝承兑、付款的事实依据和法律依据；

（三）拒绝承兑、付款的时间；

（四）拒绝承兑人、拒绝付款人的签章。

第四十二条 本办法所称退票理由书应当包括下列事项：

（一）所退票据的种类；

（二）退票的事实依据和法律依据；

（三）退票时间；

（四）退票人签章。

第四十三条 本办法所称的其他证明是指：

（一）医院或者有关单位出具的承兑人、付款人死亡证明；

（二）司法机关出具的承兑人、付款人逃匿的证明；

（三）公证机关出具的具有拒绝证明效力的文书。

第四十四条 持票人应当自收到被拒绝承兑或者被拒绝付款的有关证明之日起3日内，将被拒绝事由书面通知其前手；其前手应当自收到通知之日起3日内书面通知其再前手。持票人也可以同时向各票据债务人发出书面通知。

未按照前款规定期限通知的，持票人仍可以行使追索权。

第四十五条 持票人可以不按照票据债务人的先后顺序，对其中任何一人、数人或者全体行使追索权。

持票人对票据债务人中的一人或者数人已经进行追索的，对其他票据债务人仍可以行使追索权。被追索人清偿债务后，与持票人享有同一权利。

第四十六条 持票人行使追索权，可以请求被追索人支付下列金额和费用：

（一）被拒绝付款的票据金额；

（二）票据金额自到期日或者提示付款日起至清偿日止按照中国人民银行规定的同档次流动资金贷款利率计算的利息；

（三）取得有关拒绝证明和发出通知书的费用。

被追索人清偿债务时，持票人应当交出票据和有关拒绝证明，并出具所收到利息和费用的收据。

第四十七条 被追索人依照前条规定清偿后，可以向其他票据债务人行使再追索权，请求其他票据债务人支付下列金额和费用：

（一）已清偿的全部金额；

（二）前项金额自清偿日起至再追索清偿日止，按照中国人民银行规定的同档次流动资金贷款利率计算的利息；

（三）发出通知书的费用。

行使再追索权的被追索人获得清偿时，应当交出票据和有关拒绝证明，并出具所收到利息和费用的收据。

第四十八条 已承兑的商业汇票、支票、填明"现金"字样和代理付款人的银行汇票以及填明"现金"字样的银行本票丧失,可以由失票人通知付款人或者代理付款人挂失止付。

未填明"现金"字样和代理付款人的银行汇票以及未填明"现金"字样的银行本票丧失,不得挂失止付。

第四十九条 允许挂失止付的票据丧失,失票人需要挂失止付的,应填写挂失止付通知书并签章。挂失止付通知书应当记载下列事项:

(一) 票据丧失的时间、地点、原因;

(二) 票据的种类、号码、金额、出票日期、付款日期、付款人名称、收款人名称;

(三) 挂失止付人的姓名、营业场所或者住所以及联系方法。

欠缺上述记载事项之一的,银行不予受理。

第五十条 付款人或者代理付款人收到挂失止付通知书后,查明挂失票据确未付款时,应立即暂停支付。付款人或者代理付款人自收到挂失止付通知书之日起 12 日内没有收到人民法院的止付通知书的,自第 13 日起,持票人提示付款并依法向持票人付款的,不再承担责任。

第五十一条 付款人或者代理付款人在收到挂失止付通知书之前,已经向持票人付款的,不再承担责任。但是,付款人或者代理付款人以恶意或者重大过失付款的除外。

第五十二条 银行汇票的付款地为代理付款人或出票人所在地,银行本票的付款地为出票人所在地,商业汇票的付款地为承兑人所在地,支票的付款地为付款人所在地。

第二节 银行汇票

第五十三条 银行汇票是出票银行签发的,由其在见票时按照实际结算金额无条件支付给收款人或者持票人的票据。

银行汇票的出票银行为银行汇票的付款人。

第五十四条 单位和个人各种款项结算,均可使用银行汇票。

银行汇票可以用于转账,填明"现金"字样的银行汇票也可以用于支取现金。

第五十五条 银行汇票的出票和付款,全国范围限于中国人民银行和各商业银行参加全国联行往来的银行机构办理。跨系统银行签发的转账银行汇票的付款,应通过同城票据交换将银行汇票和解讫通知提交给同城的有关银行审核支付后抵用。代理付款人不得受理未在本行开立存款账户的持票人为单位直接提交的银行汇票。省、自治区、直辖市内和跨省、市的经济区域内银行汇票的出票和付款,按照有关规定办理。

银行汇票的代理付款人是代理本系统出票银行或跨系统签约银行审核支付汇票款项的银行。

第五十六条 签发银行汇票必须记载下列事项:

(一) 表明"银行汇票"的字样;

(二) 无条件支付的承诺;

(三) 出票金额;

(四) 付款人名称;

(五) 收款人名称;

(六) 出票日期;

（七）出票人签章。

欠缺记载上列事项之一的，银行汇票无效。

第五十七条 银行汇票的提示付款期限自出票日起1个月。

持票人超过付款期限提示付款的，代理付款人不予受理。

第五十八条 申请人使用银行汇票，应向出票银行填写"银行汇票申请书"，填明收款人名称、汇票金额、申请人名称、申请日期等事项并签章，签章为其预留银行的签章。

申请人和收款人均为个人，需要使用银行汇票向代理付款人支取现金的，申请人须在银行汇票申请书上填明代理付款人名称，在"汇票金额"栏先填写"现金"字样，后填写汇票金额。

申请人或者收款人为单位的，不得在"银行汇票申请书"上填明"现金"字样。

第五十九条 出票银行受理银行汇票申请书，收妥款项后签发银行汇票，并用压数机压印出票金额，将银行汇票和解讫通知一并交给申请人。

签发转账银行汇票，不得填写代理付款人名称，但由人民银行代理兑付银行汇票的商业银行，向设有分支机构地区签发转账银行汇票的除外。

签发现金银行汇票，申请人和收款人必须均为个人，收妥申请人交存的现金后，在银行汇票"出票金额"栏先填写"现金"字样，后填写出票金额，并填写代理付款人名称。申请人或者收款人为单位的，银行不得为其签发现金银行汇票。

第六十条 申请人应将银行汇票和解讫通知一并交付给汇票上记明的收款人。

收款人受理银行汇票时，应审查下列事项：

（一）银行汇票和解讫通知是否齐全、汇票号码和记载的内容是否一致；

（二）收款人是否确为本单位或本人；

（三）银行汇票是否在提示付款期限内；

（四）必须记载的事项是否齐全；

（五）出票人签章是否符合规定，是否有压数机压印的出票金额，并与大写出票金额一致；

（六）出票金额、出票日期、收款人名称是否更改，更改的其他记载事项是否由原记载人签章证明。

第六十一条 收款人受理申请人交付的银行汇票时，应在出票金额以内，根据实际需要的款项办理结算，并将实际结算金额和多余金额准确、清晰地填入银行汇票和解讫通知的有关栏内。未填明实际结算金额和多余金额或实际结算金额超过出票金额的，银行不予受理。

第六十二条 银行汇票的实际结算金额不得更改，更改实际结算金额的银行汇票无效。

第六十三条 收款人可以将银行汇票背书转让给被背书人。

银行汇票的背书转让以不超过出票金额的实际结算金额为准。未填写实际结算金额或实际结算金额超过出票金额的银行汇票不得背书转让。

第六十四条 被背书人受理银行汇票时，除按照第六十条的规定审查外，还应审查下列事项：

（一）银行汇票是否记载实际结算金额，有无更改，其金额是否超过出票金额；

（二）背书是否连续，背书人签章是否符合规定，背书使用粘单的是否按规定签章；

（三）背书人为个人的身份证件。

第六十五条 持票人向银行提示付款时，必须同时提交银行汇票和解讫通知，缺少任何一联，银行不予受理。

第六十六条 在银行开立存款账户的持票人向开户银行提示付款时，应在汇票背面"持票人向银行提示付款签章"处签章，签章须与预留银行签章相同，并将银行汇票和解讫通知、进账单送交开户银行。银行审查无误后办理转账。

第六十七条 未在银行开立存款账户的个人持票人，可以向选择的任何一家银行机构提示付款。提示付款时，应在汇票背面"持票人向银行提示付款签章"处签章，并填明本人身份证件名称、号码及发证机关，由其本人向银行提交身份证件及其复印件。银行审核无误后，将其身份证件复印件留存备查，并以持票人的姓名开立应解汇款及临时存款账户，该账户只付不收，付完清户，不计付利息。

转账支付的，应由原持票人向银行填制支款凭证，并由本人交验其身份证件办理支付款项。该账户的款项只能转入单位或个体工商户的存款账户，严禁转入储蓄和信用卡账户。

支取现金的，银行汇票上必须有出票银行按规定填明的"现金"字样，才能办理。未填明"现金"字样，需要支取现金的，由银行按照国家现金管理规定审查支付。

持票人对填明"现金"字样的银行汇票，需要委托他人向银行提示付款的，应在银行汇票背面背书栏签章，记载"委托收款"字样、被委托人姓名和背书日期以及委托人身份证件名称、号码、发证机关。被委托人向银行提示付款时，也应在银行汇票背面"持票人向银行提示付款签章"处签章，记载证件名称、号码及发证机关，并同时向银行交验委托人和被委托人的身份证件及其复印件。

第六十八条 银行汇票的实际结算金额低于出票金额的，其多余金额由出票银行退交申请人。

第六十九条 持票人超过期限向代理付款银行提示付款不获付款的，须在票据权利时效内向出票银行作出说明，并提供本人身份证件或单位证明，持银行汇票和解讫通知向出票银行请求付款。

第七十条 申请人因银行汇票超过付款提示期限或其他原因要求退款时，应将银行汇票和解讫通知同时提交到出票银行。申请人为单位的，应出具该单位的证明；申请人为个人的，应出具该本人的身份证件。对于代理付款银行查询的该张银行汇票，应在汇票提示付款期满后方能办理退款。出票银行对于转账银行汇票的退款，只能转入原申请人账户；对于符合规定填明"现金"字样银行汇票的退款，才能退付现金。

申请人缺少解讫通知要求退款的，出票银行应于银行汇票提示付款期满一个月后办理。

第七十一条 银行汇票丧失，失票人可以凭人民法院出具的其享有票据权利的证明，向出票银行请求付款或退款。

第三节 商业汇票

第七十二条 商业汇票是出票人签发的，委托付款人在指定日期无条件支付确定的金额给收款人或者持票人的票据。

第七十三条 商业汇票分为商业承兑汇票和银行承兑汇票。

商业承兑汇票由银行以外的付款人承兑。

银行承兑汇票由银行承兑。

商业汇票的付款人为承兑人。

第七十四条 在银行开立存款账户的法人以及其他组织之间，必须具有真实的交易关系或债权债务关系，才能使用商业汇票。

第七十五条 商业承兑汇票的出票人，为在银行开立存款账户的法人以及其他组织，与付款人具有真实的委托付款关系，具有支付汇票金额的可靠资金来源。

第七十六条 银行承兑汇票的出票人必须具备下列条件：

（一）在承兑银行开立存款账户的法人以及其他组织；

（二）与承兑银行具有真实的委托付款关系；

（三）资信状况良好，具有支付汇票金额的可靠资金来源。

第七十七条 出票人不得签发无对价的商业汇票用以骗取银行或者其他票据当事人的资金。

第七十八条 签发商业汇票必须记载下列事项：

（一）表明"商业承兑汇票"或"银行承兑汇票"的字样；

（二）无条件支付的委托；

（三）确定的金额；

（四）付款人名称；

（五）收款人名称；

（六）出票日期；

（七）出票人签章。

欠缺记载上列事项之一的，商业汇票无效。

第七十九条 商业承兑汇票可以由付款人签发并承兑，也可以由收款人签发交由付款人承兑。

银行承兑汇票应由在承兑银行开立存款账户的存款人签发。

第八十条 商业汇票可以在出票时向付款人提示承兑后使用，也可以在出票后先使用再向付款人提示承兑。

定日付款或者出票后定期付款的商业汇票，持票人应当在汇票到期日前向付款人提示承兑。见票后定期付款的汇票，持票人应当自出票日起1个月内向付款人提示承兑。

汇票未按照规定期限提示承兑的，持票人丧失对其前手的追索权。

第八十一条 商业汇票的付款人接到出票人或持票人向其提示承兑的汇票时，应当向出票人或持票人签发收到汇票的回单，记明汇票提示承兑日期并签章。付款人应当在自收到提示承兑的汇票之日起3日内承兑或者拒绝承兑。

付款人拒绝承兑的，必须出具拒绝承兑的证明。

第八十二条 商业汇票的承兑银行，必须具备下列条件：

（一）与出票人具有真实的委托付款关系；

（二）具有支付汇票金额的可靠资金；

（三）内部管理完善，经其法人授权的银行审定。

第八十三条 银行承兑汇票的出票人或持票人向银行提示承兑时，银行的信贷部门负责按照有关规定和审批程序，对出票人的资格、资信、购销合同和汇票记载的内容进行认真审查，必要时可由出票人提供担保。符合规定和承兑条件的，与出票人签订承兑协议。

第八十四条 付款人承兑商业汇票，应当在汇票正面记载"承兑"字样和承兑日期并签章。

第八十五条 付款人承兑商业汇票，不得附有条件；承兑附有条件的，视为拒绝承兑。

第八十六条 银行承兑汇票的承兑银行，应按票面金额向出票人收取万分之五的手续费。

第八十七条 商业汇票的付款期限，最长不得超过6个月。

定日付款的汇票付款期限自出票日起计算，并在汇票上记载具体的到期日。

出票后定期付款的汇票付款期限自出票日起按月计算，并在汇票上记载。

见票后定期付款的汇票付款期限自承兑或拒绝承兑日起按月计算，并在汇票上记载。

第八十八条 商业汇票的提示付款期限，自汇票到期日起10日。

持票人应在提示付款期限内通过开户银行委托收款或直接向付款人提示付款。对异地委托收款的，持票人可匡算邮程，提前通过开户银行委托收款。持票人超过提示付款期限提示付款的，持票人开户银行不予受理。

第八十九条 商业承兑汇票的付款人开户银行收到通过委托收款寄来的商业承兑汇票，将商业承兑汇票留存，并及时通知付款人。

（一）付款人收到开户银行的付款通知，应在当日通知银行付款。付款人在接到通知日的次日起3日内（遇法定休假日顺延，下同）未通知银行付款的，视同付款人承诺付款，银行应于付款人接到通知日的次日起第4日（法定休假日顺延，下同）上午开始营业时，将票款划给持票人。付款人提前收到由其承兑的商业汇票，应通知银行于汇票到期日付款。付款人在接到通知日的次日起3日内未通知银行付款，付款人接到通知日的次日起第4日在汇票到期日之前的，银行应于汇票到期日将票款划给持票人。

（二）银行在办理划款时，付款人存款账户不足支付的，应填制付款人未付票款通知书，连同商业承兑汇票邮寄持票人开户银行转交持票人。

（三）付款人存在合法抗辩事由拒绝支付的，应自接到通知日的次日起3日内，作成拒绝付款证明送交开户银行，银行将拒绝付款证明和商业承兑汇票邮寄持票人开户银行转交持票人。

第九十条 银行承兑汇票的出票人应于汇票到期前将票款足额交存其开户银行。承兑银行应在汇票到期日或到期日后的见票当日支付票款。

承兑银行存在合法抗辩事由拒绝支付的，应自接到商业汇票的次日起3日内，作成拒绝付款证明，连同商业银行承兑汇票邮寄持票人开户银行转交持票人。

第九十一条 银行承兑汇票的出票人于汇票到期日未能足额交存票款时，承兑银行除凭票向持票人无条件付款外，对出票人尚未支付的汇票金额按照每天万分之五计收利息。

第九十二条 商业汇票的持票人向银行办理贴现必须具备下列条件：

（一）在银行开立存款账户的企业法人以及其他组织；

（二）与出票人或者直接前手之间具有真实的商品交易关系；

（三）提供与其直接前手之间的增值税发票和商品发运单据复印件。

第九十三条 符合条件的商业汇票的持票人可持未到期的商业汇票连同贴现凭证向银行申请贴现。贴现银行可持未到期的商业汇票向其他银行转贴现，也可向中国人民银行申请再贴现。贴现、转贴现、再贴现时，应作成转让背书，并提供贴现申请人与其直接前手之间的增值税发票和商品发运单据复印件。

第九十四条 贴现、转贴现和再贴现的期限从其贴现之日起至汇票到期日止。实付贴现金额按票面金额扣除贴现日至汇票到期前1日的利息计算。承兑人在异地的，贴现、转贴现和再贴现的期限以及贴现利息的计算应另加3天的划款日期。

第九十五条 贴现、转贴现、再贴现到期，贴现、转贴现、再贴现银行应向付款人收取票款。不获付款的，贴现、转贴现、再贴现银行应向其前手追索票款。贴现、再贴现银行追索票款时可从申请人的存款账户收取票款。

第九十六条 存款人领购商业汇票，必须填写"票据和结算凭证领用单"并签章，签章应与预留银行的签章相符。存款账户结清时，必须将全部剩余空白商业汇票交回银行注销。

第四节　银行本票

第九十七条 银行本票是银行签发的，承诺自己在见票时无条件支付确定的金额给收款人或者持票人的票据。

第九十八条 单位和个人在同一票据交换区域需要支付各种款项，均可以使用银行本票。

银行本票可以用于转账，注明"现金"字样的银行本票可以用于支取现金。

第九十九条 银行本票分为不定额本票和定额本票两种。

第一百条 银行本票的出票人，为经中国人民银行当地分支行批准办理银行本票业务的银行机构。

第一百零一条 签发银行本票必须记载下列事项：

（一）表明"银行本票"的字样；

（二）无条件支付的承诺；

（三）确定的金额；

（四）收款人名称；

（五）出票日期；

（六）出票人签章。

欠缺记载上列事项之一的，银行本票无效。

第一百零二条 定额银行本票面额为1 000元、5 000元、1万元和5万元。

第一百零三条 银行本票的提示付款期限自出票日起最长不得超过2个月。

持票人超过付款期限提示付款的，代理付款人不予受理。

银行本票的代理付款人是代理出票银行审核支付银行本票款项的银行。

第一百零四条 申请人使用银行本票,应向银行填写"银行本票申请书",填明收款人名称、申请人名称、支付金额、申请日期等事项并签章。申请人和收款人均为个人需要支取现金的,应在"支付金额"栏先填写"现金"字样,后填写支付金额。

申请人或收款人为单位的,不得申请签发现金银行本票。

第一百零五条 出票银行受理银行本票申请书,收妥款项签发银行本票。用于转账的,在银行本票上划去"现金"字样;申请人和收款人均为个人需要支取现金的,在银行本票上划去"转账"字样。不定额银行本票用压数机压印出票金额。出票银行在银行本票上签章后交给申请人。

申请人或收款人为单位的,银行不得为其签发现金银行本票。

第一百零六条 申请人应将银行本票交付给本票上记明的收款人。收款人受理银行本票时,应审查下列事项:

(一) 收款人是否确为本单位或本人;

(二) 银行本票是否在提示付款期限内;

(三) 必须记载的事项是否齐全;

(四) 出票人签章是否符合规定,不定额银行本票是否有压数机压印的出票金额,并与大写出票金额一致;

(五) 出票金额、出票日期、收款人名称是否更改,更改的其他记载事项是否由原记载人签章证明。

第一百零七条 收款人可以将银行本票背书转让给被背书人。被背书人受理银行本票时,除按照第一百零六条的规定审查外,还应审查下列事项:

(一) 背书是否连续,背书人签章是否符合规定,背书使用粘单的是否按规定签章;

(二) 背书人为个人的身份证件。

第一百零八条 银行本票见票即付。跨系统银行本票的兑付,持票人开户银行可根据中国人民银行规定的金融机构同业往来利率向出票银行收取利息。

第一百零九条 在银行开立存款账户的持票人向开户银行提示付款时,应在银行本票背面"持票人向银行提示付款签章"处签章,签章须与预留银行签章相同,并将银行本票、进账单送交开户银行。银行审查无误后办理转账。

第一百一十条 未在银行开立存款账户的个人持票人,凭注明"现金"字样的银行本票向出票银行支取现金的,应在银行本票背面签章,记载本人身份证件名称、号码及发证机关,并交验本人身份证件及其复印件。

持票人对注明"现金"字样的银行本票需要委托他人向出票银行提示付款的,应在银行本票背面"持票人向银行提示付款签章"处签章,记载"委托收款"字样、被委托人姓名和背书日期以及委托人身份证件名称、号码、发证机关。被委托人向出票银行提示付款时,也应在银行本票背面"持票人向银行提示付款签章"处签章,记载证件名称、号码及发证机关,并同时交验委托人和被委托人的身份证件及其复印件。

第一百一十一条 持票人超过提示付款期限不获付款的,在票据权利时效内向出票银行作出说明,并提供本人身份证件或单位证明,可持银行本票向出票银行请求付款。

第一百一十二条 申请人因银行本票超过提示付款期限或其他原因要求退款时,应将银行本票提交到出票银行，申请人为单位的，应出具该单位的证明；申请人为个人的，应出具该本人的身份证件。出票银行对于在本行开立存款账户的申请人，只能将款项转入原申请人账户；对于现金银行本票和未在本行开立存款账户的申请人，才能退付现金。

第一百一十三条 银行本票丧失，失票人可以凭人民法院出具的其享有票据权利的证明，向出票银行请求付款或退款。

第五节 支 票

第一百一十四条 支票是出票人签发的，委托办理支票存款业务的银行在见票时无条件支付确定的金额给收款人或者持票人的票据。

第一百一十五条 支票上印有"现金"字样的为现金支票，现金支票只能用于支取现金。

支票上印有"转账"字样的为转账支票，转账支票只能用于转账。

支票上未印有"现金"或"转账"字样的为普通支票，普通支票可以用于支取现金，也可以用于转账。在普通支票左上角划两条平行线的，为划线支票，划线支票只能用于转账，不得支取现金。

第一百一十六条 单位和个人在同一票据交换区域的各种款项结算，均可以使用支票。

第一百一十七条 支票的出票人，为在经中国人民银行当地分支行批准办理支票业务的银行机构开立可以使用支票的存款账户的单位和个人。

第一百一十八条 签发支票必须记载下列事项：

（一）表明"支票"的字样；

（二）无条件支付的委托；

（三）确定的金额；

（四）付款人名称；

（五）出票日期；

（六）出票人签章。

欠缺记载上列事项之一的，支票无效。

支票的付款人为支票上记载的出票人开户银行。

第一百一十九条 支票的金额、收款人名称，可以由出票人授权补记。未补记前不得背书转让和提示付款。

第一百二十条 签发支票应使用碳素墨水或墨汁填写，中国人民银行另有规定的除外。

第一百二十一条 签发现金支票和用于支取现金的普通支票，必须符合国家现金管理的规定。

第一百二十二条 支票的出票人签发支票的金额不得超过付款时在付款人处实有的存款金额。禁止签发空头支票。

第一百二十三条 支票的出票人预留银行签章是银行审核支票付款的依据。银行也可以与出票人约定使用支付密码，作为银行审核支付支票金额的条件。

第一百二十四条 出票人不得签发与其预留银行签章不符的支票；使用支付密码的，

出票人不得签发支付密码错误的支票。

第一百二十五条 出票人签发空头支票，签章与预留银行签章不符的支票、使用支付密码地区、支付密码错误的支票，银行应予以退票，并按票面金额处以百分之五但不低于1 000元的罚款；持票人有权要求出票人赔偿支票金额2%的赔偿金。对屡次签发的，银行应停止其签发支票。

第一百二十六条 支票的提示付款期限自出票日起10日，但中国人民银行另有规定的除外。超过提示付款期限提示付款的，持票人开户银行不予受理，付款人不予付款。

第一百二十七条 持票人可以委托开户银行收款或直接向付款人提示付款。用于支取现金的支票仅限于收款人向付款人提示付款。持票人委托开户银行收款的支票，银行应通过票据交换系统收妥后入账。

持票人委托开户银行收款时，应作委托收款背书，在支票背面背书人签章栏签章，记载"委托收款"字样、背书日期，在被背书人栏记载开户银行名称，并将支票和填制的进账单送交开户银行。持票人持用于转账的支票向付款人提示付款时，应在支票背面背书人签章栏签章，并将支票和填制的进账单交送出票人开户银行。收款人持用于支取现金的支票向付款人提示付款时，应在支票背面"收款人签章"处签章，持票人为个人的，还需交验本人身份证件，并在支票背面注明证件名称、号码及发证机关。

第一百二十八条 出票人在付款人处的存款足以支付支票金额时，付款人应当在见票当日足额付款。

第一百二十九条 存款人领购支票，必须填写"票据和结算凭证领用单"并签章，签章应与预留银行的签章相符。存款账户结清时，必须将全部剩余空白支票交回银行注销。

第三章　信用卡

第一百三十条 信用卡是指商业银行向个人和单位发行的，凭以向特约单位购物、消费和向银行存取现金，且具有消费信用的特制载体卡片。

第一百三十一条 信用卡按使用对象分为单位卡和个人卡；按信誉等级分为金卡和普通卡。

第一百三十二条 商业银行（包括外资银行、合资银行）、非银行金融机构未经中国人民银行批准不得发行信用卡。

非金融机构、境外金融机构的驻华代表机构不得发行信用卡和代理收单结算业务。

第一百三十三条 申请发行信用卡的银行、非银行金融机构，必须具备下列条件：

（一）符合中国人民银行颁布的商业银行资产负债比例监控指标；

（二）相应的管理机构；

（三）合格的管理人员和技术人员；

（四）健全的管理制度和安全制度；

（五）必要的电信设备和营业场所；

（六）中国人民银行规定的其他条件。

第一百三十四条 商业银行、非银行金融机构开办信用卡业务须报经中国人民银行总行批准；其所属分、支机构开办信用卡业务，须报经辖区内中国人民银行分、支行备案。

第一百三十五条 凡在中国境内金融机构开立基本存款账户的单位可申领单位卡。单位卡可申领若干张，持卡人资格由申领单位法定代表人或其委托的代理人书面指定和注销。

凡具有完全民事行为能力的公民可申领个人卡。个人卡的主卡持卡人可为其配偶及年满18周岁的亲属申领附属卡，申领的附属卡最多不得超过两张，也有权要求注销其附属卡。

第一百三十六条　单位或个人申领信用卡，应按规定填制申请表，连同有关资料一并送交发卡银行。符合条件并按银行要求交存一定金额的备用金后，银行为申领人开立信用卡存款账户，并发给信用卡。

第一百三十七条　单位卡账户的资金一律从其基本存款账户转账存入，不得交存现金，不得将销货收入的款项存入其账户。

个人卡账户的资金以其持有的现金存入或以其工资性款项及属于个人的劳务报酬收入转账存入。严禁将单位的款项存入个人卡账户。

第一百三十八条　发卡银行可根据申请人的资信程度，要求其提供担保。担保的方式可采用保证、抵押或质押。

第一百三十九条　信用卡备用金存款利息，按照中国人民银行规定的活期存款利率及计息办法计算。

第一百四十条　信用卡仅限于合法持卡人本人使用，持卡人不得出租或转借信用卡。

第一百四十一条　发卡银行应建立授权审批制度；信用卡结算超过规定限额的必须取得发卡银行的授权。

第一百四十二条　持卡人可持信用卡在特约单位购物、消费。单位卡不得用于10万元以上的商品交易、劳务供应款项的结算。

第一百四十三条　持卡人凭卡购物、消费时，需将信用卡和身份证件一并交特约单位。智能卡（下称IC卡）、照片卡可免验身份证件。特约单位不得拒绝受理持卡人合法持有的、签约银行发行的有效信用卡，不得因持卡人使用信用卡而向其收取附加费用。

第一百四十四条　特约单位受理信用卡时，应审查下列事项：

（一）确为本单位可受理的信用卡；

（二）信用卡在有效期内，未列入"止付名单"；

（三）签名条上没有"样卡"或"专用卡"等非正常签名的字样；

（四）信用卡无打孔、剪角、毁坏或涂改的痕迹；

（五）持卡人身份证件或卡片上的照片与持卡人相符，但使用IC卡、照片卡或持卡人凭密码在销售点终端上消费、购物，可免验身份证件（下同）；

（六）卡片正面的拼音姓名与卡片背面的签名和身份证件上的姓名一致。

第一百四十五条　特约单位受理信用卡审查无误的，在签购单上压卡，填写实际结算金额、用途、持卡人身份证件号码、特约单位名称和编号。如超过支付限额的，应向发卡银行索权并填写授权号码，交持卡人签名确认，同时核对其签名与卡片背面签名是否一致。无误后，对同意按经办人填写的金额和用途付款的，由持卡人在签购单上签名确认，并将信用卡、身份证件和第一联签购单交还给持卡人。

审查发现问题的，应及时与签约银行联系，征求处理意见。对止付的信用卡，应收回并交还发卡银行。

第一百四十六条 特约单位不得通过压卡、签单和退货等方式支付持卡人现金。

第一百四十七条 特约单位在每日营业终了，应将当日受理的信用卡签购单汇总，计算手续费和净计金额，并填写汇（总）计单和进账单，连同签购单一并送交收单银行办理进账。

第一百四十八条 收单银行接到特约单位送交的各种单据，经审查无误后，为特约单位办理进账。

第一百四十九条 持卡人要求退货的，特约单位应使用退货单办理压（刷）卡，并将退货单金额从当日签购单累计金额中抵减，退货单随签购单一并送交收单银行。

第一百五十条 单位卡一律不得支取现金。

第一百五十一条 个人卡持卡人在银行支取现金时，应将信用卡和身份证件一并交发卡银行或代理银行。IC 卡、照片卡以及凭密码在 POS 上支取现金的可免验身份证件。

发卡银行或代理银行压（刷）卡后，填写取现单，经审查无误，交持卡人签名确认。超过支付限额的，代理银行应向发卡银行索权，并在取现单上填写授权号码。办理付款手续后，将现金、信用卡、身份证件和取现单回单联交给持卡人。

第一百五十二条 发卡银行收到代理银行通过同城票据交换或本系统联行划转的各种单据审核无误后办理付款。

第一百五十三条 信用卡透支额，金卡最高不得超过 1 万元，普通卡最高不得超过 5 000 元。信用卡透支期限最长为 60 天。

第一百五十四条 信用卡透支利息，自签单日或银行记账日起 15 日内按日息万分之五计算，超过 15 日按日息万分之十计算，超过 30 日或透支金额超过规定限额的，按日息万分之十五计算。透支计息不分段，按最后期限或者最高透支额的最高利率档次计息。

第一百五十五条 持卡人使用信用卡不得发生恶意透支。

恶意透支是指持卡人超过规定限额或规定期限，并且经发卡银行催收无效的透支行为。

第一百五十六条 单位卡在使用过程中，需要向其账户续存资金的，一律从其基本存款账户转账存入。

个人卡在使用过程中，需要向其账户续存资金的，只限于其持有的现金存入和工资性款项以及属于个人的劳务报酬收入转账存入。

第一百五十七条 个人卡持卡人或其代理人交存现金，应在发卡银行或其代理银行办理。

持卡人凭信用卡在发卡银行或代理银行交存现金的，银行经审查并收妥现金后，在存款单上压卡，将存款单回单联及信用卡交给持卡人。

持卡人委托他人在不压卡的情况下代为办理交存现金的，代理人应在信用卡存款单上填写持卡人的卡号、姓名、存款金额等内容，并将现金送交银行办理交存手续。

第一百五十八条 发卡银行收到代理银行通过同城票据交换或本系统联行划转的各种单据审核无误后，为持卡人办理收款。

第一百五十九条 持卡人不需要继续使用信用卡的，应持信用卡主动到发卡银行办理销户。

销户时，单位卡账户余额转入其基本存款账户，不得提取现金；个人卡账户可以转账结清，也可以提取现金。

第一百六十条 持卡人还清透支本息后，属于下列情况之一的，可以办理销户：

（一）信用卡有效期满 45 天后，持卡人不更换新卡的；

（二）信用卡挂失满 45 天后，没有附属卡又不更换新卡的；

（三）信用卡被列入止付名单，发卡银行已收回其信用卡 45 天的；

（四）持卡人死亡，发卡银行已收回其信用卡 45 天的；

（五）持卡人要求销户或担保人撤销担保，并已交回全部信用卡 45 天的；

（六）信用卡账户两年（含）以上未发生交易的；

（七）持卡人违反其他规定，发卡银行认为应该取消资格的。

发卡银行办理销户，应当收回信用卡。有效信用卡无法收回的，应当将其止付。

第一百六十一条 信用卡丧失，持卡人应立即持本人身份证件或其他有效证明，并按规定提供有关情况，向发卡银行或代办银行申请挂失。发卡银行或代办银行审核后办理挂失手续。

第四章 结算方式

第一节 基本规定

第一百六十二条 本办法所称结算方式，是指汇兑、托收承付和委托收款。

第一百六十三条 单位在结算凭证上的签章，应为该单位的财务专用章或者公章加其法定代表人或者其授权的代理人的签名或者盖章。

第一百六十四条 银行办理结算，给单位或个人的收、付款通知和汇兑回单，应加盖该银行的转讫章；银行给单位或个人的托收承付、委托收款的回单和向付款人发出的承付通知，应加盖该银行的业务公章。

第一百六十五条 结算凭证上的记载事项，必须符合本办法的规定。结算凭证上可以记载本办法规定以外的其他记载事项，除国家和中国人民银行另有规定外，该记载事项不具有支付结算的效力。

第一百六十六条 按照本办法的规定必须在结算凭证上记载汇款人、付款人和收款人账号的，账号与户名必须一致。

第一百六十七条 银行办理结算向外发出的结算凭证，必须于当日至迟次日寄发；收到的结算凭证，必须及时将款项支付给结算凭证上记载的收款人。

第二节 汇 兑

第一百六十八条 汇兑是汇款人委托银行将其款项支付给收款人的结算方式。

第一百六十九条 单位和个人的各种款项的结算，均可使用汇兑结算方式。

第一百七十条 汇兑分为信汇、电汇两种，由汇款人选择使用。

第一百七十一条 签发汇兑凭证必须记载下列事项：

（一）表明"信汇"或"电汇"的字样；

（二）无条件支付的委托；

（三）确定的金额；

（四）收款人名称；

（五）汇款人名称；

（六）汇入地点、汇入行名称；

（七）汇出地点、汇出行名称；

（八）委托日期；

（九）汇款人签章。

汇兑凭证上欠缺上列记载事项之一的，银行不予受理。

汇兑凭证记载的汇款人名称、收款人名称，其在银行开立存款账户的，必须记载其账号。欠缺记载的，银行不予受理。

委托日期是指汇款人向汇出银行提交汇兑凭证的当日。

第一百七十二条　汇兑凭证上记载收款人为个人的，收款人需要到汇入银行领取汇款，汇款人应在汇兑凭证上注明"留行待取"字样；留行待取的汇款，需要指定单位的收款人领取汇款的，应注明收款人的单位名称；信汇凭收款人签章支取的，应在信汇凭证上预留其签章。

汇款人确定不得转汇的，应在汇兑凭证备注栏注明"不得转汇"字样。

第一百七十三条　汇款人和收款人均为个人，需要在汇入银行支取现金的，应在信、电汇凭证的"汇款金额"大写栏，先填写"现金"字样，后填写汇款金额。

第一百七十四条　汇出银行受理汇款人签发的汇兑凭证，经审查无误后，应及时向汇入银行办理汇款，并向汇款人签发汇款回单。汇款回单只能作为汇出银行受理汇款的依据，不能作为该笔汇款已转入收款人账户的证明。

第一百七十五条　汇入银行对开立存款账户的收款人，应将汇给其的款项直接转入收款人账户，并向其发出收账通知。

收账通知是银行将款项确已收入收款人账户的凭据。

第一百七十六条　未在银行开立存款账户的收款人，凭信、电汇的取款通知或"留行待取"的，向汇入银行支取款项，必须交验本人的身份证件，在信、电汇凭证上注明证件名称、号码及发证机关，并在"收款人签盖章"处签章；信汇凭签章支取的，收款人的签章必须与预留信汇凭证上的签章相符。银行审查无误后，以收款人的姓名开立应解汇款及临时存款账户，该账户只付不收，付完清户，不计付利息。

支取现金的，信、电汇凭证上必须有按规定填明的"现金"字样，才能办理。未填明"现金"字样，需要支取现金的，由汇入银行按照国家现金管理规定审查支付。

收款人需要委托他人向汇入银行支取款项的，应在取款通知上签章，注明本人身份证件名称、号码、发证机关和"代理"字样以及代理人姓名。代理人代理取款时，也应在取款通知上签章，注明其身份证件名称、号码及发证机关，并同时交验代理人和被代理人的身份证件。

转账支付的，应由原收款人向银行填制支款凭证，并由本人交验其身份证件办理支付款项。该账户的款项只能转入单位或个体工商户的存款账户，严禁转入储蓄和信用卡账户。

转汇的，应由原收款人向银行填制信、电汇凭证，并由本人交验其身份证件。转汇的收款人必须是原收款人。原汇入银行必须在信、电汇凭证上加盖"转汇"戳记。

第一百七十七条 汇款人对汇出银行尚未汇出的款项可以申请撤销。申请撤销时,应出具正式函件或本人身份证件及原信、电汇回单。汇出银行查明确未汇出款项的,收回原信、电汇回单,方可办理撤销。

第一百七十八条 汇款人对汇出银行已经汇出的款项可以申请退汇。对在汇入银行开立存款账户的收款人,由汇款人与收款人自行联系退汇;对未在汇入银行开立存款账户的收款人,汇款人应出具正式函件或本人身份证件以及原信、电汇回单,由汇出银行通知汇入银行,经汇入银行核实汇款确未支付,并将款项汇回汇出银行,方可办理退汇。

第一百七十九条 转汇银行不得受理汇款人或汇出银行对汇款的撤销或退汇。

第一百八十条 汇入银行对于收款人拒绝接受的汇款,应即办理退汇。汇入银行对于向收款人发出取款通知,经过2个月无法交付的汇款,应主动办理退汇。

第三节 托收承付

第一百八十一条 托收承付是根据购销合同由收款人发货后委托银行向异地付款人收取款项,由付款人向银行承认付款的结算方式。

第一百八十二条 使用托收承付结算方式的收款单位和付款单位,必须是国有企业、供销合作社以及经营管理较好,并经开户银行审查同意的城乡集体所有制工业企业。

第一百八十三条 办理托收承付结算的款项,必须是商品交易,以及因商品交易而产生的劳务供应的款项。代销、寄销、赊销商品的款项,不得办理托收承付结算。

第一百八十四条 收付双方使用托收承付结算必须签有符合《中华人民共和国经济合同法》的购销合同,并在合同上订明使用托收承付结算方式。

第一百八十五条 收付双方办理托收承付结算,必须重合同、守信用。收款人对同一付款人发货托收累计3次收不回货款的,收款人开户银行应暂停收款人向该付款人办理托收;付款人累计3次提出无理拒付的,付款人开户银行应暂停其向外办理托收。

第一百八十六条 收款人办理托收,必须具有商品确已发运的证件(包括铁路、航运、公路等运输部门签发运单、运单副本和邮局包裹回执)。没有发运证件,属于下列情况的,可凭其他有关证件办理托收:

(一)内贸、外贸部门系统内商品调拨,自备运输工具发送或自提的;易燃、易爆、剧毒、腐蚀性强的商品,以及电、石油、天然气等必须使用专用工具或线路、管道运输的,可凭付款人确已收到商品的证明(粮食部门凭提货单及发货明细表)。

(二)铁道部门的材料厂向铁道系统供应专用器材,可凭其签发注明车辆号码和发运日期的证明。

(三)军队使用军列整车装运物资,可凭注明车辆号码、发运日期的单据;军用仓库对军内发货,可凭总后勤部签发的提货单副本,各大军区、省军区也可比照办理。

(四)收款人承造或大修理船舶、锅炉和大型机器等,生产周期长,合同规定按工程进度分次结算的,可凭工程进度完工证明书。

(五)付款人购进的商品,在收款人所在地转厂加工、配套的,可凭付款人和承担加工、配套单位的书面证明。

(六)合同规定商品由收款人暂时代为保管的,可凭寄存证及付款人委托保管商品的证明。

（七）使用"铁路集装箱"或将零担凑整车发运商品的，由于铁路只签发一张运单，可凭持有发运证件单位出具的证明。

（八）外贸部门进口商品，可凭国外发来的账单、进口公司开出的结算账单。

第一百八十七条 托收承付结算每笔的金额起点为1万元。新华书店系统每笔的金额起点为1 000元。

第一百八十八条 托收承付结算款项的划回方法，分邮寄和电报两种，由收款人选用。

第一百八十九条 签发托收承付凭证必须记载下列事项：

（一）表明"托收承付"的字样；
（二）确定的金额；
（三）付款人名称及账号；
（四）收款人名称及账号；
（五）付款人开户银行名称；
（六）收款人开户银行名称；
（七）托收附寄单证张数或册数；
（八）合同名称、号码；
（九）委托日期；
（十）收款人签章。

托收承付凭证上欠缺记载上列事项之一的，银行不予受理。

第一百九十条 托收。收款人按照签订的购销合同发货后，委托银行办理托收。

（一）收款人应将托收凭证并附发运证件或其他符合托收承付结算的有关证明和交易单证送交银行。收款人如需取回发运证件，银行应在托收凭证上加盖"已验发运证件"戳记。

对于军品托收，有驻厂军代表检验产品或有指定专人负责财务监督的，收款人还应当填制盖有驻厂军代表或指定人员印章（要在银行预留印模）的结算通知单，将交易单证和发运证件装入密封袋，并在密封袋上填明托收号码，同时，在托收凭证上填明结算通知单和密封袋的号码。然后，将托收凭证和结算通知单送交银行办理托收。

没有驻厂军代表使用代号明件办理托收的，不填结算通知单，但应在交易单证上填写保密代号，按照正常托收办法处理。

（二）收款人开户银行接到托收凭证及其附件后，应当按照托收的范围、条件和托收凭证记载的要求认真进行审查，必要时，还应查验收付款人签订的购销合同。凡不符合要求或违反购销合同发货的，不能办理。审查时间最长不得超过次日。

第一百九十一条 承付。付款人开户银行收到托收凭证及其附件后，应当及时通知付款人。通知的方法，可以根据具体情况与付款人签订协议，采取付款人来行自取、派人送达、对距离较远的付款人邮寄等措施。付款人应在承付期内审查核对，安排资金。

承付货款分为验单付款和验货付款两种，由收付双方商量选用，并在合同中明确规定。

（一）验单付款。验单付款的承付期为3天，从付款人开户银行发出承付通知的次日算起（承付期内遇法定休假日顺延）。

付款人在承付期内，未向银行表示拒绝付款，银行即视作承付，并在承付期满的次日（法定休假日顺延）上午银行开始营业时，将款项主动从付款人的账户内付出，按照收款人指定的划款方式，划给收款人。

（二）验货付款。验货付款的承付期为10天，从运输部门向付款人发出提货通知的次日算起。

对收付双方在合同中明确规定，并在托收凭证上注明验货付款期限的，银行从其规定。

付款人收到提货通知后，应立即向银行交验提货通知。付款人在银行发出承付通知的次日起10天内，未收到提货通知的，应在第10天将货物尚未到达的情况通知银行。在第10天付款人没有通知银行的，银行即视作已经验货，于10天期满的次日上午银行开始营业时，将款项划给收款人；在第10天付款人通知银行货物未到，而以后收到提货通知没有及时送交银行，银行仍按10天期满的次日作为划款日期，并按超过的天数，计扣逾期付款赔偿金。

采用验货付款的，收款人必须在托收凭证上加盖明显的"验货付款"字样戳记。托收凭证未注明验货付款，经付款人提出合同证明是验货付款的，银行可按验货付款处理。

（三）不论验单付款还是验货付款，付款人都可以在承付期内提前向银行表示承付，并通知银行提前划款，银行应立即办理划款；因商品的价格、数量或金额变动，付款人应多承付款项的，须在承付期内向银行提出书面通知，银行据以随同当次托收款项划给收款人。

付款人不得在承付货款中，扣抵其他款项或以前托收的货款。

第一百九十二条 逾期付款。付款人在承付期满日银行营业终了时，如无足够资金支付，其不足部分，即为逾期未付款项，按逾期付款处理。

（一）付款人开户银行对付款人逾期支付的款项，应当根据逾期付款金额和逾期天数，按每天万分之五计算逾期付款赔偿金。

逾期付款天数从承付期满日算起。承付期满日银行营业终了时，付款人如无足够资金支付，其不足部分，应当算作逾期1天，计算1天的赔偿金。在承付期满的次日（遇法定休假日，逾期付款赔偿金的天数计算相应顺延，但在以后遇法定休假日应当照算逾期天数）银行营业终了时，仍无足够资金支付，其不足部分，应当算作逾期2天，计算2天的赔偿金。余类推。

银行审查拒绝付款期间，不能算作付款人逾期付款，但对无理的拒绝付款，而增加银行审查时间的，应从承付期满日起计算逾期付款赔偿金。

（二）赔偿金实行定期扣付，每月计算一次，于次月3日内单独划给收款人。在月内有部分付款的，其赔偿金随同部分支付的款项划给收款人，对尚未支付的款项，月终再计算赔偿金，于次月3日内划给收款人；次月又有部分付款时，从当月1日起计算赔偿金，随同部分支付的款项划给收款人，对尚未支付的款项，从当月1日起至月终再计算赔偿金，于第3月3日内划给收款人。第3月仍有部分付款的，按照上述方法计扣赔偿金。

赔偿金的扣付列为企业销货收入扣款顺序的首位。付款人账户余额不足全额支付时，应排列在工资之前，并对该账户采取"只收不付"的控制办法，待一次足额扣付赔偿金后，才准予办理其他款项的支付。因此而产生的经济后果，由付款人自行负责。

（三）付款人开户银行对付款人逾期未能付款的情况，应当及时通知收款人开户银行，由其转知收款人。

（四）付款人开户银行要随时掌握付款人账户逾期未付的资金情况。该账户有款时，必须将逾期未付款项和应付的赔偿金及时扣划给收款人，不得拖延扣划。在各单位的流动资金账户内扣付货款，要严格按照国务院关于国有企业销货收入扣款顺序的规定（即从企业销货收入中预留工资后，按照应缴纳税款、到期贷款、应偿付货款、应上缴利润的顺序）扣款；同类性质的款项按照应付时间的先后顺序扣款。

（五）付款人开户银行对不执行合同规定、三次拖欠货款的付款人，应当通知收款人开户银行转知收款人，停止对该付款人办理托收。收款人不听劝告，继续对该付款人办理托收，付款人开户银行对发出通知的次日起 1 个月之后收到的托收凭证，可以拒绝受理，注明理由，原件退回。

（六）付款人开户银行对逾期未付的托收凭证，负责进行扣款的期限为 3 个月（从承付期满日算起）。在此期限内，银行必须按照扣款顺序陆续扣款。期满时，付款人仍无足够资金支付该笔尚未付清的欠款，银行应于次日通知付款人将有关交易单证（单证已作账务处理或已部分支付的，可以填制应付款项证明单）在 2 日内退回银行。银行将有关结算凭证连同交易单证或应付款项证明单退回收款人开户银行，转交收款人，并将应付的赔偿金划给收款人。

对付款人逾期不退回单证的，开户银行应当自发出通知的第 3 天起，按照该笔尚未付清欠款的金额，每天处以万分之五但不低于 50 元的罚款，并暂停付款人向外办理结算业务，直到退回单证时止。

第一百九十三条 拒绝付款。对下列情况，付款人在承付期内，可向银行提出全部或部分拒绝付款：

（一）没有签订购销合同或购销合同未订明托收承付结算方式的款项。

（二）未经双方事先达成协议，收款人提前交货或因逾期交货付款人不再需要该项货物的款项。

（三）未按合同规定的到货地址发货的款项。

（四）代销、寄销、赊销商品的款项。

（五）验单付款，发现所列货物的品种、规格、数量、价格与合同规定不符，或货物已到，经查验货物与合同规定或发货清单不符的款项。

（六）验货付款，经查验货物与合同规定或与发货清单不符的款项。

（七）货款已经支付或计算有错误的款项。

不属于上述情况的，付款人不得向银行提出拒绝付款。

外贸部门托收进口商品的款项，在承付期内，订货部门除因商品的质量问题不能提出拒绝付款，应当另行向外贸部门提出索赔外，属于上述其他情况，可以向银行提出全部或部分拒绝付款。

付款人对以上情况提出拒绝付款时,必须填写拒绝付款理由书并签章,注明拒绝付款理由,涉及合同的应引证合同上的有关条款。属于商品质量问题,需要提出商品检验部门的检验证明;属于商品数量问题,需要提出数量问题的证明及其有关数量的记录;属于外贸部门进口商品,应当提出国家商品检验或运输等部门出具的证明。

开户银行必须认真审查拒绝付款理由,查验合同。对于付款人提出拒绝付款的手续不全、依据不足、理由不符合规定和不属于本条七种拒绝付款情况的,以及超过承付期拒付和应当部分拒付提为全部拒付的,银行均不得受理,应实行强制扣款。

对于军品的拒绝付款,银行不审查拒绝付款理由。

银行同意部分或全部拒绝付款的,应在拒绝付款理由书上签注意见。部分拒绝付款,除办理部分付款外,应将拒绝付款理由书连同拒付证明和拒付商品清单邮寄收款人开户银行转交收款人。全部拒绝付款,应将拒绝付款理由书连同拒付证明和有关单证邮寄收款人开户银行转交收款人。

第一百九十四条 重办托收。收款人对被无理拒绝付款的托收款项,在收到退回的结算凭证及其所附单证后,需要委托银行重办托收,应当填写重办托收理由书,将其中三联连同购销合同、有关证据和退回的原托收凭证及交易单证,一并送交银行。

经开户银行审查,确属无理拒绝付款,可以重办托收。

第一百九十五条 收款人开户银行对逾期尚未划回,又未收到付款人开户银行寄来逾期付款通知或拒绝付款理由书的托收款项,应当及时发出查询。付款人开户银行要积极查明,及时答复。

第一百九十六条 付款人提出的拒绝付款,银行按照本办法规定审查无法判明是非的,应由收付双方自行协商处理,或向仲裁机关、人民法院申请调解或裁决。

第一百九十七条 未经开户银行批准使用托收承付结算方式的城乡集体所有制工业企业,收款人开户银行不得受理其办理托收;付款人开户银行对其承付的款项应按规定支付款项外,还要对该付款人按结算金额处以百分之五罚款。

第四节 委托收款

第一百九十八条 委托收款是收款人委托银行向付款人收取款项的结算方式。

第一百九十九条 单位和个人凭已承兑商业汇票、债券、存单等付款人债务证明办理款项的结算,均可以使用委托收款结算方式。

第二百条 委托收款在同城、异地均可以使用。

第二百零一条 委托收款结算款项的划回方式,分邮寄和电报两种,由收款人选用。

第二百零二条 签发委托收款凭证必须记载下列事项:

(一)表明"委托收款"的字样;

(二)确定的金额;

(三)付款人名称;

(四)收款人名称;

(五)委托收款凭据名称及附寄单证张数;

(六)委托日期;

(七)收款人签章。

欠缺记载上列事项之一的，银行不予受理。

委托收款以银行以外的单位为付款人的，委托收款凭证必须记载付款人开户银行名称；以银行以外的单位或在银行开立存款账户的个人为收款人的，委托收款凭证必须记载收款人开户银行名称；未在银行开立存款账户的个人为收款人的，委托收款凭证必须记载被委托银行名称。欠缺记载的，银行不予受理。

第二百零三条 委托。收款人办理委托收款应向银行提交委托收款凭证和有关的债务证明。

第二百零四条 付款。银行接到寄来的委托收款凭证及债务证明，审查无误办理付款。

（一）以银行为付款人的，银行应在当日将款项主动支付给收款人。

（二）以单位为付款人的，银行应及时通知付款人，按照有关办法规定，需要将有关债务证明交给付款人的应交给付款人，并签收。

付款人应于接到通知的当日书面通知银行付款。

按照有关办法规定，付款人未在接到通知日的次日起3日内通知银行付款的，视同付款人同意付款，银行应于付款人接到通知日的次日起第4日上午开始营业时，将款项划给收款人。

付款人提前收到由其付款的债务证明，应通知银行于债务证明的到期日付款。付款人未于接到通知日的次日起3日内通知银行付款，付款人接到通知日的次日起第4日在债务证明到期日之前的，银行应于债务证明到期日将款项划给收款人。

银行在办理划款时，付款人存款账户不足支付的，应通过被委托银行向收款人发出未付款项通知书。按照有关办法规定，债务证明留存付款人开户银行的，应将其债务证明连同未付款项通知书邮寄被委托银行转交收款人。

第二百零五条 拒绝付款。付款人审查有关债务证明后，对收款人委托收取的款项需要拒绝付款的，可以办理拒绝付款。

（一）以银行为付款人的，应自收到委托收款及债务证明的次日起3日内出具拒绝证明连同有关债务证明、凭证寄给被委托银行，转交收款人。

（二）以单位为付款人的，应在付款人接到通知日的次日起3日内出具拒绝证明，持有债务证明的，应将其送交开户银行。银行将拒绝证明、债务证明和有关凭证一并寄给被委托银行，转交收款人。

第二百零六条 在同城范围内，收款人收取公用事业费或根据国务院的规定，可以使用同城特约委托收款。

收取公用事业费，必须具有收付双方事先签订的经济合同，由付款人向开户银行授权，并经开户银行同意，报经中国人民银行当地分支行批准。

第五章 结算纪律与责任

第二百零七条 单位和个人办理支付结算，不准签发没有资金保证的票据或远期支票，套取银行信用；不准签发、取得和转让没有真实交易和债权债务的票据，套取银行和他人资金；不准无理拒绝付款，任意占用他人资金；不准违反规定开立和使用账户。

第二百零八条 银行办理支付结算，不准以任何理由压票、任意退票、截留挪用客户和他行资金；不准无理拒绝支付应由银行支付的票据款项，不准受理无理拒付、不扣少扣滞纳金；不准违章签发、承兑、贴现票据，套取银行资金；不准签发空头银行汇票、银行本票和办理空头汇款；不准在支付结算制度之外规定附加条件，影响汇路畅通；不准违反规定为单位和个人开立账户；不准拒绝受理、代理他行正常结算业务；不准放弃对企事业单位和个人违反结算纪律的制裁；不准逃避向人民银行转汇大额汇划款项。

第二百零九条 单位、个人和银行按照法定条件在票据上签章的，必须按照所记载的事项承担票据责任。

第二百一十条 单位签发商业汇票后，必须承担保证该汇票承兑和付款的责任。

单位和个人签发支票后，必须承担保证该支票付款的责任。

银行签发银行汇票、银行本票后，即承担该票据付款的责任。

第二百一十一条 商业汇票的背书人背书转让票据后，即承担保证其后手所持票据承兑和付款责任。

银行汇票、银行本票或支票的背书人背书转让票据后，即承担保证其后手所持票据付款的责任。

单位或银行承兑商业汇票后，必须承担该票据付款的责任。

第二百一十二条 票据的保证人应当与被保证人对持票人承担连带责任。

第二百一十三条 变造票据除签章以外的记载事项的，在变造之前签章的人，对原记载事项负责；在变造之后签章的人，对变造之后的记载事项负责；不能辨别在票据被变造之前或者之后签章的，视同在变造之前签章。

第二百一十四条 持票人超过规定期限提示付款的，银行汇票、银行本票的出票人，商业汇票的承兑人，在持票人作出说明后，仍应当继续对持票人承担付款责任；支票的出票人对持票人的追索，仍应当承担清偿责任。

第二百一十五条 付款人及其代理付款人以恶意或者重大过失付款的，应当自行承担责任。

第二百一十六条 商业汇票的付款人在到期前付款的，由付款人自行承担所产生的责任。

第二百一十七条 承兑人或者付款人拒绝承兑或拒绝付款，未按规定出具拒绝证明或者出具退票理由书的，应当承担由此产生的民事责任。

第二百一十八条 持票人不能出示拒绝证明、退票理由书或者未按规定期限提供其他合法证明丧失对其前手追索权的，承兑人或者付款人应对持票人承担责任。

第二百一十九条 持票人因不获承兑或不获付款，对其前手行使追索权时，票据的出票人、背书人和保证人对持票人承担连带责任。

第二百二十条 持票人行使追索权时，持票人及其前手未按《票据法》规定期限将被拒绝事由书面通知其前手的，因延期通知给其前手或者出票人造成损失的，由没有按照规定期限通知的票据当事人，在票据金额内承担对该损失的赔偿责任。

第二百二十一条 票据债务人在持票人不获付款或不获承兑时，应向持票人清偿《票据法》规定的金额和费用。

第二百二十二条 单位和个人签发空头支票、签章与预留银行签章不符或者支付密码错误的支票，应按照《票据管理实施办法》和本办法的规定承担行政责任。

第二百二十三条 单位为票据的付款人，对见票即付或者到期的票据，故意压票、拖延支付的，应按照《票据管理实施办法》的规定承担行政责任。

第二百二十四条　持卡人必须妥善保管和正确使用其信用卡，否则，应按规定承担因此造成的资金损失。

第二百二十五条　持卡人使用单位卡发生透支的，由其单位承担透支金额的偿还和支付透支利息的责任。持卡人使用个人卡附属卡发生透支的，由其主卡持卡人承担透支金额的偿还和支付透支利息的责任；主卡持卡人丧失偿还能力的，由其附属卡持卡人承担透支金额的偿还和支付透支利息的责任。

第二百二十六条　持卡人办理挂失后，被冒用造成的损失，有关责任人按照信用卡章程的规定承担责任。

第二百二十七条　持卡人违反本办法规定使用信用卡进行商品交易、套取现金以及出租或转借信用卡的，应按规定承担行政责任。

第二百二十八条　单位卡持卡人违反本办法规定，将基本存款账户以外的存款和销货款收入的款项转入其信用卡账户的；个人卡持卡人违反本办法规定，将单位的款项转入其信用卡账户的，应按规定承担行政责任。

第二百二十九条　特约单位受理信用卡时，应当按照规定的操作程序办理，否则，由其承担因此造成的资金损失。

第二百三十条　发卡银行未按规定时间将止付名单发至特约单位的，应由其承担因此造成的资金损失。

第二百三十一条　银行违反本办法规定，未经批准发行信用卡的；帮助持卡人将其基本存款账户以外的存款或其他款项转入单位卡账户，将单位的款项转入个人卡账户的；违反规定帮助持卡人提取现金的，应按规定承担行政责任。

第二百三十二条　非金融机构、非银行金融机构、境外金融机构驻华代表机构违反规定，经营信用卡业务的，应按规定承担行政责任。

第二百三十三条　付款单位对收款单位托收的款项逾期付款，应按照规定承担赔偿责任；付款单位变更开户银行、账户名称和账号，未能及时通知收款单位，影响收取款项的，应由付款单位承担逾期付款赔偿责任；付款单位提出的无理拒绝付款，对收款单位重办的托收，应承担自第一次托收承付期满日起逾期付款赔偿责任。

第二百三十四条　单位和个人办理支付结算，未按照本办法的规定填写票据或结算凭证或者填写有误，影响资金使用或造成资金损失；票据或印章丢失，造成资金损失的，由其自行负责。

第二百三十五条　单位和个人违反本办法的规定，银行停止其使用有关支付结算工具，因此造成的后果，由单位和个人自行负责。

第二百三十六条　付款单位到期无款支付，逾期不退回托收承付有关单证的，应按规定承担行政责任。

第二百三十七条　城乡集体所有制工业企业未经银行批准，擅自办理托收承付结算的，应按规定承担行政责任。

第二百三十八条　单位和个人违反《银行账户管理办法》开立和使用账户的，应按规定承担行政责任。

第二百三十九条　对单位和个人承担行政责任的处罚，由中国人民银行委托商业银行执行。

第二百四十条　收款人或持票人委托的收款银行的责任，限于收到付款人支付的款项后按照票据和结算凭证上记载的事项将票据或结算凭证记载的金额转入收款人或持票人账户。

付款人委托的付款银行的责任，限于按照票据和结算凭证上记载事项从付款人账户支付金额。但托收承付结算中的付款人开户银行，应按照托收承付结算方式有关规定承担责任。

第二百四十一条　银行办理支付结算，因工作差错发生延误，影响客户和他行资金使用的，按中国人民银行规定的同档次流动资金贷款利率计付赔偿金。

第二百四十二条　银行违反规定故意压票、退票、拖延支付，受理无理拒付、擅自拒付退票、有款不扣以及不扣、少扣赔偿金，截留挪用结算资金，影响客户和他行资金使用的，要按规定承担赔偿责任。因重大过失错付或被冒领的，要负责资金赔偿。

第二百四十三条　银行违反本办法规定将支付结算的款项转入储蓄和信用卡账户的，应按规定承担行政责任。

第二百四十四条　银行违反规定签发空头银行汇票、银行本票和办理空头汇款的，应按照规定承担行政责任。

第二百四十五条　银行违反规定故意压票、退票、拖延支付，受理无理拒付、擅自拒付退票、有款不扣以及不扣、少扣赔偿金，截留、挪用结算资金的，应按规定承担行政责任。

第二百四十六条　银行未按规定通过人民银行办理大额转汇的，应按规定承担行政责任。

第二百四十七条　银行在结算制度之外规定附加条件，影响汇路畅通的，应按规定承担行政责任。

第二百四十八条　银行违反《银行账户管理办法》开立和管理账户的，应按规定承担行政责任。

第二百四十九条　违反国家法律、法规和未经中国人民银行批准，作为中介机构经营结算业务的；未经中国人民银行批准，开办银行汇票、银行本票、支票、信用卡业务的，应按规定承担行政责任。

第二百五十条　金融机构的工作人员在票据业务中玩忽职守，对违反规定的票据予以承兑、付款、保证或者贴现的，应按照《票据管理实施办法》的规定承担行政责任或刑事责任。

第二百五十一条　违反本办法规定擅自印制票据的，应按照《票据管理实施办法》的规定承担行政责任。

第二百五十二条　邮电部门在传递票据、结算凭证和拍发电报中，因工作差错而发生积压、丢失、错投、错拍、漏拍、重拍等，造成结算延误，影响单位、个人和银行资金使用或造成资金损失的，由邮电部门负责。

第二百五十三条　伪造、变造票据和结算凭证上的签章或其他记载事项的，应当承担民事责任或刑事责任。

第二百五十四条　有利用票据、信用卡、结算凭证欺诈的行为，构成犯罪的，应依法承担刑事责任。情节轻微，不构成犯罪的，应按照规定承担行政责任。

第六章 附 则

第二百五十五条 本办法规定的各项期限的计算，适用民法通则关于计算期间的规定。期限最后一日是法定休假日的，以休假日的次日为最后一日。

按月计算期限的，按到期月的对日计算；无对日的，月末日为到期日。

本办法所规定的各项期限，可以因不可抗力的原因而中止。不可抗力的原因消失时，期限可以顺延。

第二百五十六条 银行汇票、商业汇票由中国人民银行总行统一格式、联次、颜色、规格，并在中国人民银行总行批准的印制厂印制。由各家银行总行组织订货和管理。

银行本票、支票由中国人民银行总行统一格式、联次、颜色、规格，并在中国人民银行总行批准的印制厂印制，由中国人民银行各省、自治区、直辖市、计划单列市分行负责组织各商业银行订货和管理。

信用卡按中国人民银行的有关规定印制，信用卡结算凭证的格式、联次、颜色、规格由中国人民银行总行统一规定，各发卡银行总行负责印制。

汇兑凭证、托收承付凭证、委托收款凭证由中国人民银行总行统一格式、联次、颜色、规格，由各行负责印制和管理。

第二百五十七条 银行办理各项支付结算业务，根据承担的责任和业务成本以及应付给有关部门的费用，分别收取邮费、电报费、手续费、凭证工本费（信用卡卡片费）、挂失手续费，以及信用卡年费、特约手续费、异地存取款手续费。收费范围，除财政金库全部免收、存款不计息账户免收邮费、手续费外，对其他单位和个人都要按照规定收取费用。

邮费，单程的每笔按邮局挂号信每件收费标准收费；双程的每笔按邮局挂号信二件收费标准收费；客户要求使用特快专递的，按邮局规定的收费标准收取；超重部分按邮局规定的标准加收。

电报费，每笔按四十五个字照电报费标准收取，超过的字数按每字收费的标准加收。急电均加倍收取电报费。

手续费，按银行规定的标准收取。

银行办理支付结算业务按照附二《支付结算业务收费表》收取手续费和邮电费。

信用卡统一的收费标准，中国人民银行将另行规定。

支票的手续费由经办银行向购买人收取，其他结算的手续费、邮电费一律由经办银行向委托人收取。

凭证工本费，按照不同凭证的成本价格，向领用人收取。

第二百五十八条 各部门、各单位制定的有关规定，涉及支付结算而与本办法有抵触的，一律按照本办法的规定执行。

中国人民银行过去有关支付结算的规定与本办法有抵触的，以本办法为准。

第二百五十九条 本办法由中国人民银行总行负责解释、修改。

第二百六十条 本办法自1997年12月1日起施行。